À plus ! 5

cycle long

Vokabeltaschenbuch

Französisch für Gymnasien

Cornelsen

Liste chronologique des mots **Chronologische Wortliste**

Grundschrift: obligatorischer Wortschatz
kursiv: fakultativer Wortschatz

Symbole und Abkürzungen

~ bezeichnet die Lücke, in die das neue Wort einzusetzen ist.
~[1] Die Fußnote zeigt dir an, dass du auf die Angleichung des Wortes achten musst.
Die richtige Lösung findest du auf einem grauen Streifen **am Ende jeder Séquence**.
⚠ Hier musst du besonders gut aufpassen.
≠ Gegenteil von
le ~ die ~ Vergleiche mit dem deutschen Artikel.
► Vergleiche mit bereits bekannten Wörtern.
 Vergleiche mit dem Englischen.

→ Civilisation zeigt dir an, dass du im Petit dictionnaire de civilisation, Schülerbuch S. 137, weitere Informationen zu dem Begriff findest.
→ Verbes zeigt dir an, dass du in der Liste des verbes, Schülerbuch S. 128, die Konjugation des Verbs findest.

etw. etwas	*Pron.* Pronomen	*fam.* familier (umgangssprachlich)
jdm/jdn jemandem/jemanden	*Inf.* Infinitiv	*f.* féminin (feminin)
umg. umgangssprachlich	*adj.* adjectif (Adjektiv)	*m.* masculin (maskulin)
Pers. Person	*adv.* adverbe (Adverb)	*pl.* pluriel (Plural)
Sg. Singular (Einzahl)	*conj.* conjonction (Bindewort)	*qc* quelque chose (etwas)
Pl. Plural (Mehrzahl)	*prép.* préposition (Präposition)	*qn* quelqu'un (jemand)

Lerntipp

Viele Wörter kannst du verstehen, wenn du dir überlegst, ob du ein ähnlich lautendes deutsches oder englisches Wort kennst. Lege dir deshalb ein Vokabelheft (Französisch–Englisch–Deutsch) an, in dem du solche ähnlich lautenden Wörter sammelst. Manchmal schreiben sich diese Wörter aber anders oder sie sprechen sich anders aus. Markiere in deinem Vokabelheft also auch immer die Unterschiede, die du beachten musst.

Überall, wo dir diese Lupe begegnet, solltest du nach dem entsprechenden englischen Wort suchen.
(→ Lösungen im Schülerbuch S. 237)

DOSSIER 1, Approches

la Guadeloupe [lagwadlup]	Guadeloupe → Civilisation, p. 137	
l'archipel [laʀʃipɛl] *m.*	der Archipel, die Inselgruppe	La Guadeloupe est un ~.
les Petites Antilles *f. pl.* [leptitzɑ̃tij]	die Kleinen Antillen → Civilisation, p. 137	
être constitue/é de qc [ɛtʀəkɔ̃stitɥedə]	aus etw. bestehen, aus etw. zusammengesetzt sein	~ combien de personnes ~[1] une équipe de volley?
la Basse-Terre [labɑstɛʀ]	*westliche Hauptinsel von Guadeloupe* → Civilisation, p. 137	
Basse-Terre [bɑstɛʀ]	*Hauptstadt von Guadeloupe* → Civilisation, p. 137	
la variété [lavaʀjete]	die Vielfalt	J'aime beaucoup la ~ de la cuisine française.
le papillon [ləpapijɔ̃]	der Schmetterling	Le ~ compte parmi les plus beaux insectes.
le/la Guadeloupéen/ne [ləgwadlupeɛ̃/lagwadlupeɛn]	der/die Einwohner/in von Guadeloupe	Les ~[2] sont français.

la Réunion [laʀeynjɔ̃]	*französisches Überseedepartement im Indischen Ozean* → Civilisation, p. 137	
l'océan Indien [loseɑ̃nɛ̃djɛ̃] *m.*	der Indische Ozean	La Réunion se trouve dans l'~.
Madagascar [madagaskaʀ]	Madagaskar → Civilisation, p. 137	
débarquer [debaʀke]	landen *mit dem Schiff*	Avant de ~ à New York on passe devant la statue de la Liberté.
la canne à sucre [lakanasykʀ]	das Zuckerrohr	Jusqu'au XIXe siècle, c'est seulement la ~ qui nous donnait le sucre.
cultiver qc [kyltive]	etw. anbauen	En Allemagne, il ne fait pas assez chaud pour ~ la canne à sucre.
l'esclave [lɛsklav] *m./f.* ▸ l'esclavage *m.*	der Sklave / die Sklavin	Beaucoup d'Africains ont été envoyés en Amérique comme ~[3].
la ressource [laʀəsuʀs]	die Ressource, der Rohstoff	Il faut aider les pays qui ont peu de ~[4].

le département [lədepaʀtmɑ̃]	*Verwaltungseinheit in Frankreich*	Saint-Denis est la capitale du ~ de la Réunion.

Frankreich ist in 100 départements *eingeteilt. Davon liegen 96 in Europa, die wiederum in 22 Regionen gruppiert sind (siehe Karte auf der hinteren Innenseite des Buchumschlags). Die restlichen vier sind Überseedepartements und befinden sich außerhalb Europas:* la Martinique, la Guadeloupe, la Réunion *und* la Guyane. *Jedes der vier letztgenannten bildet zugleich auch eine eigene Region (siehe Karte auf der vorderen Innenseite des Buchumschlags).*

la Polynésie française [lapɔlinezifʀɑ̃sɛz]	Französisch-Polynesien → Civilisation, p. 137	
Tahiti [taiti]	*größte Insel Französisch-Polynesiens* → Civilisation, p. 137	
les Marquises [lemaʀkiz] *f. pl.*	die Marquesa-Inseln → Civilisation, p. 137	
Papeete [papɛtə]	*Hauptstadt von Französisch-Polynesien* → Civilisation, p. 137	
le lagon [ləlagɔ̃]	die Lagune	Un ~ est un lac d'eau salée dans la mer.
Bora Bora [bɔʀabɔʀa]	*Atoll in Französisch-Polynesien* → Civilisation, p. 137	

d'outre-mer [dutʀəmɛʀ] *adj.*	Übersee- + *Nomen*	La France a quatre départements ~.
les DOM [ledɔm] ou: **les Départements d'outre-mer** [ledepaʀtmɑ̃dutʀəmɛʀ]	*französische Überseeregionen bzw. -departements* → Civilisation, p. 137	
les COM [lekɔm] ou: **les Collectivités d'outre-mer** [lekɔlɛktivitedutʀəmɛʀ]	*französische Überseegebiete mit relativ autonomem Status* → Civilisation, p. 137	
la métropole [lametʀɔpɔl]	das Mutterland *hier:* Frankreich	La France est la ~ des Guadeloupéens.

Unterscheide die zwei Bedeutungen:

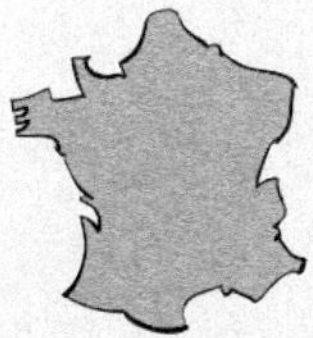

la métropole (das Mutterland)

la métropole (die Großstadt)

la Martinique [lamaʀtinik]	Martinique → Civilisation, p. 137	
la Guyane [lagɥijan]	Französisch-Guyana → Civilisation, p. 137	
la Nouvelle-Calédonie [lanuvɛlkaledɔni]	Neu-Kaledonien → Civilisation, p. 137	
Mayotte [majɔt]	Mayotte → Civilisation, p. 137	
Saint-Pierre-et-Miquelon [sɛ̃pjɛʀemikəlɔ̃]	Saint-Pierre und Miquelon → Civilisation, p. 137	
Wallis-et-Futuna [valisefytyna]	Wallis und Futuna → Civilisation, p. 137	

VOCABULAIRE DU DOCUMENT SONORE

Pointe-à-Pitre [pwɛ̃tapitʀ]	*Stadt in Guadeloupe* → Civilisation, p. 137	
la seconde [lasəgɔ̃d]	*das 10. Schuljahr in Frankreich*	La ~ est la première classe au lycée.

le créole [ləkʀeɔl]	Kreolisch	Le ~ est constitué du français et des langues africaines.

Als Kreolen bezeichnete man in der frühen Kolonialzeit (16. Jahrhundert) europäische Kolonialherren französischer, spanischer oder portugiesischer Herkunft. Zu jener Zeit beginnt auch die Entstehung der so genannten Kreolsprachen. Dabei kommt es zu einer Vermischung von Elementen einer europäischen und einer oder mehrerer afrikanischer Sprachen. Der Wortschatz basiert – in Abhängigkeit von der jeweiligen Kolonialmacht – auf dem Portugiesischen, Französischen, Spanischen, Englischen oder dem Niederländischen. In den ehemaligen französischen Kolonien der Kleinen Antillen, wie z. B. in Guadeloupe und Martinique, wird demzufolge ein Kreolisch gesprochen, das auf dem Französischen basiert.

l'espagnol [lɛspaɲol] *m.*	Spanisch	L'~ se parle en Espagne et en Amérique Latine.
tenir qc [təniʀ]	*hier:* etw. betreiben, etw. führen *wird wie* venir *konjugiert* → Verbes, p. 128	Marc va ~ le restaurant de ses parents.
le blanc-manger [ləblɑ̃-mɑ̃ʒe]	*Süßspeise auf der Basis von Kokosmilch und Rohrzucker*	
le carnaval [ləkaʀnaval]	der Karneval	Tout le monde connaît le ~ de Rio.

Marie-Galante [maʀigalɑ̃t]	*Insel von Guadeloupe* → Civilisation, p. 137	
Sainte-Rose [sɛ̃tʀoz]	*Insel von Guadeloupe* → Civilisation, p. 137	
sans merci [sɑ̃mɛʀsi] *adv.*	gnadenlos	Les marchands d'esclaves agissaient ~.
caraïbe [kaʀaib] *m./f. adj.*	karibisch	Quelques îles ~[5] sont françaises.
le colon [ləkɔlɔ̃] ▸ coloniser qn/qc	der Siedler	Beaucoup de ~[2] étaient sans merci.
la main d'œuvre [lamɛ̃dœvʀ]	die Arbeitskraft *Person*	Les esclaves étaient la ~ la moins chère.
réduire qn en esclavage [ʀedɥiʀɑ̃nɛsklavaʒ]	jdn versklaven *wird wie* construire *konjugiert* → Verbes, p. 128	Aujourd'hui, on ~ encore des gens ~[3].
la plantation [laplɑ̃tasjɔ̃]	die Plantage	Dans les ~[4] de la Guadeloupe ne travaillaient que les esclaves.
fonder qc [fɔ̃de] ▸ le/la fondateur/-trice	etw. gründen	Te souviens-tu qui a ~[6] la ville de Montréal?

l'abolition [labɔlisjɔ̃] *f.*	die Abschaffung	
l'esclavage [lɛsklavaʒ] *m.*	die Sklaverei	L'abolition de l'~ a été un grand progrès.
la natation [lanatasjɔ̃] ▸ nager	das Schwimmen	Combien de fois par semaine est-ce que tu fais de la ~?
le raggamuffin [ləʀagama-fin]	*Musikrichtung, die sich aus dem Reggae entwickelt hat*	
Jane Fostin [ʒenfɔstin]	*Sängerin aus Guadeloupe* → Civilisation, p. 137	

1 De ... est constituée 2 Guadeloupéens 3 esclaves 4 ressources

DOSSIER 1, SÉQUENCE 1

mouvementé/e [muvmɑ̃te] *adj.*	bewegt	Quand il y a beaucoup de changements dans l'histoire d'un pays, on parle d'une histoire ~[1].
Christophe Colomb [kʀistɔfkɔlɔ̃]	Christoph Kolumbus → Civilisation, p. 137	

abolir qc [abɔliʀ] ▸ l'abolition *f.*	etw. abschaffen *wird wie* réagir *konjugiert* → Verbes, p. 128	Il y a des gens qui veulent ~ l'école. Qu'est-ce que tu en penses?
Victor Schoelcher [viktɔʀʃœlʃœʀ]	*französischer Politiker* → Civilisation, p. 137	
l'Inde [lɛ̃d] *f.*	Indien	Bombay se trouve en ~.
immigrer [imigʀe]	einwandern	Beaucoup d'habitants des anciennes colonies françaises ~[7] en France.
la condition [lakɔ̃disjɔ̃]	die Bedingung	Il y a beaucoup de bruit ici. Dans ces ~[8] je n'arrive pas à me concentrer.
la mixité [lamiksite] ▸ mixte *m./f. adj.*	*hier:* die ethnische Vielfalt	Quand, dans un pays, il y a des gens de différentes origines, on parle de ~.
le kilomètre carré [ləkilɔmɛtʀkaʀe]	der Quadratkilometer	Sais-tu combien de ~[9] couvre la superficie de la France?
couper qc [kupe]	etw. schneiden	Pour faire des sandwichs, il faut ~ le pain.
le bras de mer [ləbʀadmɛʀ]	der Meeresarm	
la rivière [laʀivjɛʀ]	der (Neben-)Fluss	

la pêche [lapɛʃ] ▶ le pêcheur	die Fischerei	La ~ intensive est dangereuse pour les poissons.
l'agriculture [lagʀikyltyʀ] *f.*	die Landwirtschaft	Dans l'économie française, l'~ joue un rôle très important.
le cyclone [ləsiklɔn]	der tropische Wirbelsturm	En Allemagne, il n'y a pas de ~[12].
le cacao [ləkakao]	der Kakao	Le ~ sert à faire le chocolat.
le coton [ləkɔtɔ̃]	die Baumwolle	Tous mes tee-shirts sont en ~.
la production [lapʀɔdyksjɔ̃]	die Produktion	
agricole [agʀikɔl] *m./f. adj.* ▶ l'agriculture *f.*	landwirtschaftlich	Les paysans vivent de la production ~.
reposer sur qc [ʀəpozesyʀ]	*hier:* auf etw. basieren	La démocratie ~[13] l'idée que le pouvoir vient du peuple.
la culture [lakyltyʀ] ▶ cultiver qc	*hier:* der Anbau	En Allemagne, il n'y a pas de ~ de canne à sucre.
le melon [ləməlɔ̃]	die Honigmelone, die Zuckermelone	Le ~ de Cavaillon est très célèbre.

Unterscheide:

un fleuve

une rivière

salé/e [sale] *adj.*	salzig	Cette soupe n'a plus de goût. Elle est trop ~[10]!
tropical/e [tʀɔpikal] *adj.* / **tropicaux** [tʀɔpiko] *m. pl.*	tropisch	La Guadeloupe est une île ~[11].
la Soufrière [lasufʀijɛʀ]	*Vulkan in Guadeloupe* → Civilisation, p. 137	
le volcan [ləvɔlkɑ̃]	der Vulkan	L'Etna est le ~ le plus haut d'Europe.
les eaux [lezo] *f. pl.* ▶ l'eau *f.*	die Gewässer	

la pêche [lapɛʃ] ▶ le pêcheur	die Fischerei	La ~ intensive est dangereuse pour les poissons.
l'agriculture [lagʀikyltyʀ] *f.*	die Landwirtschaft	Dans l'économie française, l'~ joue un rôle très important.
le cyclone [ləsiklon]	der tropische Wirbelsturm	En Allemagne, il n'y a pas de ~[12].
le cacao [ləkakao]	der Kakao	Le ~ sert à faire le chocolat.
le coton [ləkɔtɔ̃]	die Baumwolle	Tous mes tee-shirts sont en ~.
la production [lapʀɔdyksjɔ̃]	die Produktion	
agricole [agʀikɔl] *m./f. adj.* ▶ l'agriculture *f.*	landwirtschaftlich	Les paysans vivent de la production ~.
reposer sur qc [ʀəpozesyʀ]	*hier:* auf etw. basieren	La démocratie ~[13] l'idée que le pouvoir vient du peuple.
la culture [lakyltyʀ] ▶ cultiver qc	*hier:* der Anbau	En Allemagne, il n'y a pas de ~ de canne à sucre.
le melon [ləməlɔ̃]	die Honigmelone, die Zuckermelone	Le ~ de Cavaillon est très célèbre.

Unterscheide:

le melon (die Honigmelone) ≠ *la pastèque* (die Wassermelone)

la purée [lapyʀe]	das Püree, der Brei	Les enfants adorent la ~ de pommes de terre.
(ê)**se modifier / modifier qc** [mɔdifje]	sich verändern / etw. verändern	Au contact des langues, le français ~14.
au contact de qn/qc [okɔ̃taktdə] *loc. prép.* ▶ le contact	im Kontakt mit jdm/etw.	

1 mouvementée 2 colons 3 réduit ... en esclavage 4 plantations 5 caraïbes 6 fondé 7 immigrent 8 conditions 9 kilomètres carrés 10 salée 11 tropicale 12 cyclones 13 repose sur 14 s'est modifié / se modifie

DOSSIER 1, SÉQUENCE 2

Lilian Thuram [liljɑ̃tyʀam]	*französischer Fußballspieler* → Civilisation, p. 137	
Anse-Bertrand [ɑ̃sbɛʀtʀɑ̃]	*Stadt in Guadeloupe* → Civilisation, p. 137	
connu/e [kɔny] *adj.* ▸ connaître qn/qc	bekannt	Tout le monde connaît Johnny Depp. C'est un acteur très ~.
l'engagement [lɑ̃gaʒmɑ̃] *m.* ▸ engagé/e *adj.*	das Engagement, der Einsatz	Maeva aide tout le monde. Son ~ est impressionnant.
social/e [sɔsjal] *adj.* / **sociaux** [sɔsjo] *m. pl.*	gesellschaftlich	Mon engagement ~? J'aide ma voisine qui a 94 ans.
(ê)**s'engager** [sɑ̃gaʒe] ▸ engagé/e *adj.*, l'engagement *m.*	sich engagieren *wird wie* bouger *konjugiert* → Verbes, p. 128	N'as-tu pas envie de ~[1] dans une association?
améliorer qc [ameljɔʀe]	etw. verbessern	Si on veut ~ son français, il faut aller en France ou dans un autre pays francophone.
le métissage [lǝmetisaʒ]	*die Mischung verschiedener Ethnien*	Dans les DOM-COM, le ~ est grand.

la richesse [laʀiʃɛs] ▶ riche *m./f. adj.*	der Reichtum	
élever qn [elve]	jdn großziehen *wird wie* amener *konjugiert* → Verbes, p. 128	Il y a pas mal de gens qui ~[2] leurs enfants tout seuls.
l'immigré/e [limigʀe] ▶ immigrer	der/die Einwanderer/in	Les parents de Zidane sont des ~[3].
le prêtre [ləpʀɛtʀ]	der Priester	Un ~ travaille pour l'Église.
impressionner qn [ɛ̃pʀɛsjɔne] ▶ l'impression *f.*, impressionnant/e *adj.*	jdn beeindrucken	L'engagement social de Victor Schoelcher m'~[4] beaucoup.
la nationalité [lanasjɔnalite] ▶ national/e *adj.*	die Nationalität	Beaucoup de gens n'ont pas la ~ du pays dans lequel ils habitent.
c'est la raison pour laquelle [sɛlaʀɛzɔ̃puʀlakɛl]	deshalb	Beaucoup de gens vivent très mal dans leurs pays. ~ il y en a qui essaient d'immigrer dans les pays plus riches.
abîmer qc [abime]	etw. beschädigen	Pendant les émeutes, quelques jeunes ont ~[5] plein de voitures.

(ê)**s'informer sur qc** [sɛ̃fɔʀmesyʀ] ▸ l'information *f.*	sich über etw. informieren	Avant d'aller à l'étranger, il faut ~ le pays.
le sujet [ləsyʒɛ]	der Gegenstand, das Thema	Quel est le ~ principal de ce dossier?
l'art [laʀ] *m.* ▸ l'artiste *m./f.*	die Kunst	Aujourd'hui, on va au musée d'~ moderne.
la politique [lapɔlitik] ▸ politique *m./f. adj.*	die Politik	Camille s'intéresse beaucoup à la ~. Elle lit le journal tous les jours.
défavorisé/e [defavɔʀize] *adj.*	benachteiligt	Il vient d'un mileu ~: ses parents sont pauvres et n'ont pas pu faire des études.
(ê)**s'en sortir** [sɑ̃sɔʀtiʀ] ▸ sortir	aus etw. herauskommen, etw. schaffen	Maxime est dans une situation difficile, mais avec l'aide de ses amis, il va ~.
le préjugé [ləpʀeʒyʒe]	das Vorurteil	Il est normal d'avoir des ~[6].
souffrir [sufʀiʀ]	leiden/etw. erleiden *wird wie* ouvrir *konjugiert* → Verbes, p. 128	Je ne vois pas pourquoi il faudrait «~ pour être belle».
le milieu [ləmiljø]	das Milieu, das Umfeld	Pour les gens défavorisés il est souvent difficile de sortir de leur ~.
aisé/e [ɛze] *adj.* aisé/e ≠ défavorisé/e	wohlhabend, wohlsituiert	Grandir dans un milieu ~, est-ce une condition pour réussir dans la vie?

1 t'engager 2 élèvent 3 immigrés 4 impressionne 5 abîmé 6 préjugés

DOSSIER 2, Approches

le/la pilote [lə/lapilɔt]	der/die Pilot/in	Un ~ conduit des avions.
la thune [latyn] *fam.*	Kohle *umg. für Geld*	«~» veut dire «argent».
le maître nageur / la maître nageuse [ləmɛtʀnaʒœʀ/lamɛtʀnaʒøz] ▶ le maître / la maîtresse, nager	der/die Bademeister/in	Un ~ on travaille dans une piscine ou à la plage.
l'interprète [lɛ̃tɛʀpʀɛt] *m./f.*	der/die Dolmetscher/in	Pour travailler comme ~ il faut savoir se concentrer.
le reporter [ləʀəpɔʀtɛʀ] *m./f.*	der/die Reporter/in	Tu aimes écrire et voyager? Deviens ~!
l'ingénieur [lɛ̃ʒenjœʀ] *m./f.*	der/die Ingenieur/in	Les ~[1] peuvent travailler dans des entreprises.
le son [ləsɔ̃]	der Ton	
le/la puériculteur/-trice [ləpɥeʀikyltœʀ/lapɥeʀikyltʀis]	der Kinder(kranken)pfleger / die Kinder(kranken)schwester	Une ~[2] s'occupe de bébés et de petits enfants.

le/la concepteur/-trice [ləkɔ̃sɛptœʀ/lakɔ̃sɛptʀis]	der/die Programmentwickler/in	Un ~ doit avoir beaucoup d'idées.
le multimédia [ləmyltimedja]	Multimedia	
le guide de haute montagne [ləgidəotmɔ̃taɲ]	der/die Hochgebirgsführer/in	Un ~ conduit les touristes au sommet d'une montagne.
le pompier [ləpɔ̃pje]	der Feuerwehrmann	Pour travailler comme ~ il faut être courageux.
le/la commercial/e [lə/lakɔmɛʀsjal] ▶ le/la commerçant/e	der/die Handelsvertreter/in	Le père de Clément voyage beaucoup. Il est ~ d'une grande entreprise.
l'informaticien/ne [lɛ̃fɔʀmatisjɛ̃/lɛ̃fɔʀmatisjɛn] ▶ l'informatique *f.*	der/die Informatiker/in	Un ~ crée des programmes d'ordinateur.
le/la mécanicien/ne [ləmekanisjɛ̃/lamekanisjɛn]	der/die Mechaniker/in	Connais-tu une ~[3]?
le/la coiffeur/-euse [ləkwafœʀ/lakwaføz]	der/die Friseur/in	Tes cheveux sont trop longs! Il faut que tu ailles chez le ~.

le pourcentage [ləpuʀsɑ̃taʒ]	der Prozentsatz	
le/la bachelier/-ière [ləbaʃ(ə)lje/labaʃ(ə)ljɛʀ] ▶ le bac	der/die Abiturient/in	Les ~[4] peuvent faire des études.

⚠ «faux ami»

le/la bachelier/-ière (der/die Abiturient/in) ≠ *engl.* the bachelor (der/die Hochschulabsolvent/in *auch:* der Junggeselle)

la génération [laʒeneʀasjɔ̃]	die Generation	Ce vieil homme fait partie de la ~ qui a connu deux guerres.
avoir confiance en qn/qc [avwaʀkɔ̃fjɑ̃s] ▶ la confiance, confier qc à qn	jdm/etw. vertrauen	Pour réussir dans la vie, il faut ~ soi.

VOCABULAIRE DU DOCUMENT SONORE

le point fort [ləpwɛ̃fɔʀ]	die Stärke	Les maths? Ce n'est pas mon ~.
[(ê)]**se voir** + *Nomen* [səvwaʀ]	sich als jdn/etw. sehen *wird wie* voir *konjugiert* → Verbes, p. 128	Dans ses rêves, Julie ~[5] chanteuse.
le/la traducteur/-trice [lətʀadyktœʀ/latʀadyktʀis] ▸ traduire qc	der/die Übersetzer/in	Un ~ doit connaître parfaitement deux langues.
quand même [kɑ̃mɛm] *adv.*	trotzdem	Antoine n'était pas très fort à l'école. Il a ~ eu son bac.
le jeu électronique [ləʒøelɛktʀɔnik] ▸ le jeu, jouer	das Computerspiel	On dit que quelques ~[6] sont un danger pour les jeunes. Qu'est-ce que tu en penses?
reprendre qc [ʀəpʀɑ̃dʀ]	etw. übernehmen *wird wie* prendre *konjugiert* → Verbes, p. 128	Si tes parents avaient une boutique, aimerais-tu la ~?
le salon de coiffure [ləsalɔ̃dkwafyʀ] ▸ le/la coiffeur/-euse	der Friseursalon	Dans ma rue, il y a un ~ pour chiens.

1 ingénieurs 2 puéricultrice 3 mécanicienne 4 bacheliers 5 se voit 6 jeux électroniques

DOSSIER 2, SÉQUENCE 1

la profession [lapʀɔfɛsjɔ̃] ▸ professionnel/le *adj.*	der Beruf	Quelle est sa ~?
le concepteur-réalisateur [ləkɔ̃sɛptœʀealizatœʀ]	der/die Multimediadesigner/in	«~» est un métier assez nouveau.
la possibilité [lapɔsibilite] ▸ possible *m./f. adj.*	die Möglichkeit	Il y a plusieurs ~[1] pour avoir son bac.
le droit [lədʀwa]	*hier:* Jura	Pour être avocat, il faut faire des études de ~.
finir par + *Inf.* [finiʀpaʀ]	schließlich etw. tun *wird wie* réagir *konjugiert* → Verbes, p. 128	Il ne voulait pas venir avec nous, mais il ~[2] accepter.
l'IUT [liyte] ou: **l'institut universitaire de technologie de Services et Réseaux de communication** *m.*	*französische Fachhochschule* → Civilisation, p. 137	

Montbéliard [mɔ̃beljaʀ]	*ostfranzösische Stadt* → Civilisation, p. 137	
consister en qc [kɔ̃sisteɑ̃]	aus etw. bestehen	~ quoi ~[3] le travail d'une puéricultrice?
technique [tɛknik] *m./f. adj.*	technisch	Il faut que plus de filles choisissent un métier ~.
créatif/-ive [kʀeatif/kʀeativ] *adj.* ▶ créer qc	kreativ	Les artistes sont des personnes ~[4].
le compte [ləkɔ̃t] ▶ compter	die Abrechnung, das Konto	

être à son compte: selbstständig sein

le service [ləsɛʀvis] ▶ rendre service à qn	der Service, die Dienstleistung	
le/la scénariste [lə/lasenaʀist] *m./f.* ▶ la scène	der/die Drehbuchautor/in	Un ~ écrit le scénario d'un film.

exactement [egzaktəmɑ̃] *adv.*	genau	3 + 3? Ça fait ~ 6.
l'avantage [lavɑ̃taʒ] *m.*	der Vorteil	Parler plusieurs langues est un grand ~.
fabriquer qc [fabʀike]	etw. herstellen	Dans une boulangerie, on ~[5] du pain.
le neveu [lənəvø]	der Neffe	Les enfants de mon frère sont mes ~[6].
la nièce [lanjɛs]	die Nichte	La fille de ma sœur est ma ~.
l'inconvénient [lɛ̃kɔ̃venjɑ̃] *m.* l'inconvénient ≠ l'avantage	der Nachteil	Chaque métier a ses avantages et ses ~[7].
étant donné que [etɑ̃-dɔnekə] *prép.*	da	~ notre planète est en danger, il faut faire un effort pour la sauver.
le secteur [ləsɛktœʀ]	der Sektor	La production agricole est un ~ important en France.
correspondre à qn/qc [kɔʀɛspɔ̃dʀ]	jdm/etw. entsprechen *wird wie* attendre *konjugiert* → Verbes, p. 128	Léa a trouvé un métier qui ~[8] ses intérêts.
le guide interprète *m./f.* [ləgidɛ̃tɛʀpʀɛt]	*Reiseleiter/in, der/die gleichzeitig als Dolmetscher/in tätig ist*	Pour travailler comme ~ il faut parler couramment au moins deux langues.

le/la commercial/e, l'informaticien/ne, l'ingénieur	→	dans une entreprise
l'architecte, l'avocat/e, le/la secrétaire, le/la concepteur/-trice, le/la traducteur/-trice	→	dans un bureau
l'auteur	→	à la maison, pour une maison d'édition

le diplôme [lədiplom]	das Diplom	Malgré son ~ d'ingénieur Marc est au chômage.
(ê)**aller sur le terrain** [alesyʀl(ə)tɛʀɛ̃]	in die Praxis gehen	Après avoir fini ses études, il faut ~ pour faire des expériences.
la préparation [lapʀepaʀasjɔ̃] ▸ préparer qc	die Vorbereitung	Un stage peut être une bonne ~ à la vie professionnelle.
actualiser qc [aktyalize] ▸ les actualités *f. pl.*	etw. aktualisieren	De temps en temps, il faut ~ les programmes d'ordinateur.
la connaissance [lakɔnɛsɑ̃s] ▸ connaître qn, faire la connaissance de qn	*hier:* die Kenntnis	

la curiosité [lakyʀjɔzite]	die Neugier	La ~ est un signe d'intelligence.
la retraite [laʀətʀɛt]	der Ruhestand	À l'âge de 67 ans, on prend sa ~.
le car [ləkaʀ]	der Reisebus	Pour aller de Berlin à Paris, on peut prendre l'avion, le train ou le ~.
le/la pédagogue [lə/lapedagɔg]	der/die Pädagoge/-in	Les profs doivent être de bons ~[10].
(ê)**s'adapter à qn/qc** [sadaptea]	sich jdm/etw. anpassen	Quand on change d'école, il faut ~ sa nouvelle classe.
le public [ləpyblik]	das Publikum	Le concert de Tryo a beaucoup plu au ~.
cultivé/e [kyltive] *adj.* ▶ cultiver qc, la culture	gebildet	Ma sœur lit beaucoup. Elle est très ~[11].

Vergleiche:

cultiver qc 

 une personne cultivée

Diese Berufe und Arbeitsstellen gehören zusammen:

Qui?		**Où?**
le/la médecin, l'infirmier/-ière, le/la puériculteur/-trice	→	à l'hôpital, au SAMU
le/la mécanicien/ne	→	dans un *garage* (in einer Werkstatt)
le/la chanteur/-euse, l'acteur/-trice	→	*sur scène* (auf der Bühne)
l'ingénieur du son	→	au théâtre, à l'opéra, dans une salle de concerts
le/la coiffeur/-euse	→	dans un salon de coiffure
le/la maître nageur/-euse	→	dans une piscine, à la plage
le guide interprète	→	dans un musée, dans le centre-ville
le professeur des écoles	→	à l'école primaire
le/la professeur, le/la conseiller/-ère d'orientation	→	au collège, au lycée
le/la documentaliste	→	au CDI, dans une bibliothèque
le/la policier/-ière	→	au commissariat, dans la rue
le/la vendeur/-euse, le/la caissier/-ière	→	au supermarché, dans un magasin
le/la boulanger/-ère	→	dans une boulangerie
le/la moniteur/-trice	→	dans un club
le/la pilote	→	dans un avion
le guide de haute montagne	→	à la montagne
l'animateur/-trice de télévision	→	à la télévision
le/la journaliste, le reporter	→	à la radio, à la télévision, dans un journal

prendre contact avec qn [pʀɑ̃dʀkɔ̃taktavɛk]	mit jdm Kontakt aufnehmen *wird wie* prendre *konjugiert* → Verbes, p. 128	Tu veux faire un stage dans cet hôtel? Il faut que tu ~[9] le directeur.
le/la responsable [lə/laʀɛspɔ̃sabl] ▶ responsable de qn/qc *m./f. adj.*	der/die Verantwortliche	Emma est la ~ du groupe. Elle s'occupe de tout.
le site [ləsit]	*hier:* der Ort *auch:* die Webseite	Quel est ton ~ préféré en France?
la sortie [lasɔʀti] ▶ sortir	*hier:* der Ausflug	Dimanche prochain, on fera une ~ à la campagne.
obtenir qc [ɔptəniʀ]	etw. erhalten *wird wie* venir *konjugiert* → Verbes, p. 128	Pour ~ de bonnes notes, il faut travailler dur.
l'autorisation [lotoʀizasjɔ̃] *f.*	die Erlaubnis	Pour prendre des photos dans un musée, il faut demander l'~.
la visite [lavizit] ▶ visiter qc	die Besichtigung	Une ~ du Louvre est toujours impressionnante.
éveiller qc [evɛje]	etw. wecken	La publicité essaie d'~ l'attention des gens.

bilingue [bilɛ̃g] *m./f. adj.*	zweisprachig	Quand on parle deux langues dès l'enfance, on est ~.
posséder qc [pɔsede]	etw. besitzen *wird wie* espérer *konjugiert* → Verbes, p. 128	Il y a des gens qui ~[12] plusieurs maisons.
excellent/e [ɛksɛlɑ̃/ɛksɛlɑ̃t] *adj.*	ausgezeichnet, hervorragend	Aller à Marseille? C'est une ~[13] idée!
l'archéologie [laʀkeɔlɔʒi] *f.*	die Archäologie	Pascal fait des études d'~.
la tradition [latʀadisjɔ̃] ▶ traditionnel/le *adj.*	die Tradition	Il faut garder les bonnes ~[14].
la croisière [lakʀwazjɛʀ]	die Kreuzfahrt	Ma grand-mère vient de faire une ~ en Méditerranée.
la carte professionnelle [lakaʀtpʀɔfɛsjɔnɛl]	die Gewerbeerlaubnis	Pour être à son compte, il faut avoir une ~.
l'agence [laʒɑ̃s] *f.*	die Agentur	Parler plusieurs langues est un avantage pour travailler dans une ~ de voyages.
la bibliothèque [labibljɔtɛk]	die Bibliothek	Quand on fait des études, on va souvent à la ~ .

le parcours [ləparkur]	*hier:* die Führung *auch:* die Strecke, der Weg	Chaque année, on choisit un ~ différent pour le Tour de France.
la sécurité [lasekyrite] ▶ sûr/e *adj.*	die Sicherheit	La police est responsable de la ~ des gens.
adorable [adɔrabl] *m./f. adj.* ▶ adorer qn/qc	entzückend	Cet enfant rigole beaucoup. Il est ~!

1 possibilités 2 a fini par 3 En ... consiste 4 créatives 5 fabrique 6 neveux 7 inconvénients 8 correspond à 9 prennes contact avec 10 pédagogues 11 cultivée 12 possèdent 13 excellente 14 traditions

DOSSIER 2, SÉQUENCE 2

la section [lasɛksjɔ̃]	die Sektion, die Fachrichtung	
moyen/ne [mwajɛ̃/mwajɛn] *adj.*	*hier:* mittlerer/-es/-e *auch:* durchschnittlich	Un 3, en Allemagne, c'est une note ~[1].
préparatoire [preparatwar] *m./f. adj.* ▶ préparer qc, la préparation	vorbereitend	En France, il y a des classes ~[2] aux concours des Grandes Écoles.

élémentaire [elemɑ̃tɛʀ] *m./f. adj.*	Grund- + *Nomen*, elementar	L'école primaire est une école ~.
l'adaptation [ladaptasjɔ̃] *f.* ▸ s'adapter à qn/qc	die Anpassung	

BEP (brevet d'enseignement professionnel):
Facharbeiterabschluss mit hohem theoretischen Anteil (entspricht in Deutschland einer drei- bis dreieinhalbjährigen Berufsausbildung)

CAP (certificat d'aptidude professionnelle):
einfacher Facharbeiterabschluss (entspricht in Deutschland einer zweijährigen Facharbeiterausbildung)

Bac professionnel:
Fachabitur, das nach 12 Schuljahren am Lycée professionnel *erworben wird und zum Hochschulstudium berechtigt. Voraussetzung dafür ist das* CAP.

Bac général:
Allgemeine Hochschulreife (Abitur), die nach 12 Schuljahren erworben wird und zu einem Hochschul- bzw. Universitätsstudium berechtigt

Terminale générale:
Abschlussklasse am lycée général, *die zum* bac général *führt. Die Schüler/innen am* lycée général *spezialisieren sich nach der* seconde *(10. Schuljahr = Orientierungsstufe) in einem der drei folgenden Bereiche:*
L (littérature): *Literatur, Sprachen, Kunst*
S (scientifique): *Mathematik, Physik, Chemie, Naturwissenschaften, Industrietechnologie*
ES (Sciences économiques et sociales): *Mathematik, Wirtschafts-und Sozialwissenschaften, Sprachen*

Terminale technologique:
Abschlussklasse am lycée technologique, *die zum* bac technologique *führt und auf ein technisch orientiertes Studium vorbereitet*

l'ANPE [laɛnpeə] ou: **l'Agence nationale pour l'emploi** [laʒɑ̃snasjɔnalpuʀlɑ̃plwa]	*Arbeitsamt in Frankreich*	
l'orientation [lɔʀjɑ̃tasjɔ̃] *f.*	*hier:* der Schwerpunkt	Quelle ~ vas-tu choisir? S, L ou ES?
galérer en qc [galeʀeɑ̃] *fam.* ▶ la galère	sich in etw. abrackern *wird wie* espérer *konjugiert* → Verbes, p. 128	Il a longtemps ~[3] maths avant d'avoir des notes moyennes.
le côté [ləkote]	die Seite	Le ~ agréable de l'école, ce sont les vacances.

mettre toutes les chances de son côté: sich alle Möglichkeiten offen halten

le recul [ləʀəkyl]	der Abstand	Quand Lise regarde les choses avec un peu de ~, elle avoue qu'elle s'est trompée.
Y a pas le feu. [japalfø] *fam.* ▶ le feu	Keine Eile!	J'ai encore le temps, ~!

la responsabilité [laʀɛspɔ̃-sabilite] ▶ le/la responsable, responsable de qn/qc *m./f. adj.*	die Verantwortung	Le chef d'une entreprise a beaucoup de ~.
imiter qn [imite]	jdn nachahmen	Sais-tu ~ une personne célèbre?
libéral/e [libeʀal] *adj.* / **libéraux** [libeʀo] *m. pl.*	*hier:* freiberuflich	
le droit [lədʀwa]	das Recht	On a toujours le ~ de poser des questions.
décider de qc [desidedə] ▶ décider de + *Inf.*	über etw. entscheiden	Il faut que tu ~ toi-même ~[4] ton avenir.
le hasard [ləazaʀ]	der Zufall	C'est vous, Madame de Crémoux? Quel ~ de vous rencontrer ici!
par hasard *adv.* = zufällig		
le professeur des écoles [ləpʀɔfɛsœʀdezekɔl] *m./f.*	der/die Grundschullehrer/in	Un ~ travaille à l'école primaire.

autre [otʀ] *m./f. adj.* ▶ l'autre *m./f.*	anders, sonstig	Ça, c'est une ~ question.
l'autre jour [lotʀəʒuʀ] *adv.*	letztens, neulich	
d'un côté … de l'autre [dɛ̃kote…dəlotʀ] *adv.* ▶ le côté	einerseits …, andererseits …	~ je suis content/e d'avoir réussi à l'examen, ~ j'aurais aimé avoir une meilleure note.
supporter qn/qc [sypɔʀte]	jdn/etw. ertragen	Océane ne ~[5] pas le rap.
soupirer [supiʀe]	seufzen	Arrête de ~! Tu me rends triste!
rien du tout [ʀjɛ̃dytu] *adv.*	überhaupt nichts, gar nichts	Marc a eu un beau rêve. Mais il ne se souvient de ~.
l'usine [lyzin] *f.*	der Betrieb, die Fabrik	La mère de Thomas est chef d'une ~.
bref [bʀɛf] *adv.*	kurz	Non! ~, je ne suis pas de ton avis.
le boulot [ləbulo] *fam.*	der Job	Patrice a trouvé un ~ qui lui plaît.
(ê)**se renseigner (sur qn/qc)** [səʀɑ̃sɛɲe(syʀ)]	sich informieren, sich erkundigen (über jdn/etw.)	On devrait ~ et demander le prix avant d'acheter quelque chose.

pour que + *subj.* [purkə] *conj.*	damit, um	Je te raconte tout ça ~ tu connaisses toute l'histoire.
le Ministère de l'Éducation nationale [ləministɛrdəle-dykasjɔ̃nasjɔnal]	*das französische Bildungs-ministerium*	
la voie [lavwa]	*hier:* der Weg, die Richtung	Il faut trouver la bonne ~ dans la vie.

1 moyenne 2 préparatoires 3 galéré en 4 décides … de 5 supporte

DOSSIER 3, Approches

mondial/e [mɔ̃djal] *adj.* / **mondiaux** [mɔ̃djo] *m. pl.* ▶ le monde	Welt- + *Nomen*	Zidane était une star ~[1].
ruiner qn/qc [rɥine] ▶ la ruine	jdn/etw. ruinieren	Fumer ~[2] la santé.
le continent [ləkɔ̃tinɑ̃]	der Kontinent	Parfois on appelle l'Europe «le vieux ~».

l'homme politique / la femme politique [lɔmpɔlitik/lafampɔlitik] ▶ la politique	der/die Politiker/in	Charles de Gaulle était un grand ~ français.
Robert Schuman [ʀobɛʀʃuman]	*französischer Politiker* → Civilisation, p. 137	
appeler qn à + *Inf.* [aplea] ▶ s'appeler	jdn aufrufen etw. zu tun *wird wie* s'appeler *konjugiert* → Verbes, p. 128	Le délégué de classe ~ les élèves ~[3] participer à la réunion.
(ê)**se réconcilier** [səʀekɔ̃silje]	sich versöhnen	Après une dispute, il faut toujours essayer de se ~.
durable [dyʀabl] *m./f. adj.* ▶ durer	dauerhaft	Ce qui dure longtemps, c'est ~.
Rome [ʀɔm]	Rom	
l'Europe des Six [lœʀɔpdesis]	die Europäische Gemeinschaft im Jahr 1957 → Civilisation, p. 137	

le/la président/e [ləpʀezidɑ̃/lapʀezidɑ̃t]	der/die Präsident/in	Charles de Gaulle est devenu ~ de la République en 1959.
Charles de Gaulle [ʃaʀl-dəgol]	*französischer Politiker* → Civilisation, p. 137	
le/la chancelier/-ière [ləʃɑ̃səlje/laʃɑ̃səljɛʀ]	der/die Kanzler/in	Angela Merkel est la première ~[4] de l'Allemagne.
la coopération [lakɔɔpe-ʀasjɔ̃]	die Zusammenarbeit	Dans une équipe, c'est la ~ qui fait le succès.
la création [lakʀeasjɔ̃] ► créer qc	die Schaffung, die Gründung	La ~ de nouveaux modèles est importante dans le domaine de la mode.
l'Office franco-allemand pour la jeunesse [lɔfisfʀɑ̃-koalmɑ̃puʀlaʒœnɛs] ou: **l'O. F. A.J.** [lɔfaʒ] *m.*	das Deutsch-Französische Jugendwerk (DFJW) → Civilisation, p. 137	
le traité de Maastricht [lətʀɛtedɔmastʀiʃt]	der Vertrag von Maastricht → Civilisation, p. 137	

le jumelage [ləʒymlaʒ] ▶ le jumeau / la jumelle	die Städtepartnerschaft	Est-ce qu'il existe un ~ entre ta ville et une ville française?
l'Union européenne (UE) [lynjɔ̃øʀɔpeɛn] *f.*	die Europäische Union → Civilisation, p. 137	
le membre [ləmɑ̃bʀ]	das Mitglied	Combien de ~[5] l'Union européenne compte-t-elle?
l'accord [lakɔʀ] *m.*	*hier:* das Abkommen *auch:* die Zustimmung	Un ~ est un contrat entre plusieurs pays.
les accords de Schengen [lezakɔʀdəʃɛngɛn] *m. pl.*	das Schengener Abkommen → Civilisation, p. 137	
la frontière [lafʀɔ̃ntjɛʀ]	die Grenze	Est-ce que tu sais quel fleuve est à la ~ entre l'Allemagne et la France?
l'Européen/l'Européenne [lœʀɔpeɛ̃/lœʀɔpeɛn]	der/die Europäer/in	~ du futur parlera au moins quatre langues.
introduire qc [ɛ̃tʀɔdɥiʀ]	etw. einführen *wird wie* construire *konjugiert* → Verbes, p. 128	Dans chaque dossier, on ~[6] des mots nouveaux.

le pays membre [ləpei-mɑ̃mbʀ] ▶ le membre	das Mitgliedsland	La France et l'Allemagne comptent parmi les premiers ~[7] de l'UE.

Les pays membres de l'Union européenne et leurs nationalités

Pays	Nationalité	Pays	Nationalité
l'Allemagne *f.*	allemand/e	la Lettonie	letton/ne
l'Autriche *f.*	autrichien/ne	la Lituanie	lituanien/ne
la Belgique	belge *m./f.*	le Luxembourg	luxembourgeois/e
la Bulgarie	bulgare *m./f.*	Malte	maltais/e
Chypre	chypriote *m./f.*	les Pays-Bas *m. pl.*	néerlandais/e
le Danemark	danois/e	la Pologne	polonais/e
l'Espagne *f.*	espagnol/e	le Portugal	portugais/e
l'Estonie *f.*	estonien/ne	la République tchèque	tchèque *m./f.*
la Finlande	finlandais/e	la Roumanie	roumain/e
la France	français/e	le Royaume-Uni	britannique *m./f.*

Merke: Die meisten Ländernamen, die auf -e *enden, sind weiblich. (Ausnahme z. B.* **le** Mexique.*)*

la Grèce  grec/grecque

la Hongrie  hongrois/e

l'Irlande *f.*  irlandais/e

l'Italie *f.*  italien/ne

la Slovaquie  slovaque *m./f.*

la Slovénie  slovène *m./f.*

la Suède  suédois/e

(ê)**passer à qc** [pɑsea] ▶ passer	*hier:* ansteigen auf	Le nombre de morts dans l'accident de voiture est ~[8] cinq.

Le chômage est passé de 8 à 11 pour cent. ↗
Die Arbeitslosigkeit ist von 8 auf 11 % angestiegen.

Le chômage est passé de 10 à 5 pour cent. ↘
Die Arbeitslosigkeit ist von 10 auf 5 % gesunken.

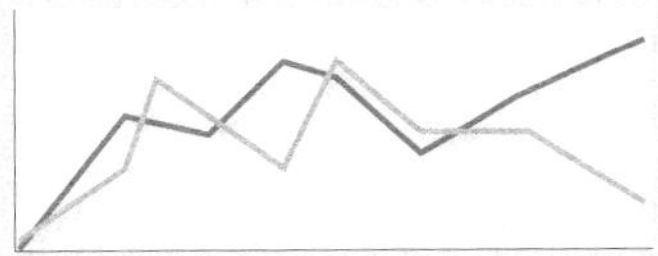

le projet [ləpʀɔʒɛ]	das Projekt	
peuplé/e [pœple] *adj.* ▶ le peuple	bevölkert, bevölkerungsreich	Quel est le pays le plus ~ du monde?
la Chine [laʃin]	China	

le milliard [ləmiljaʀ]	die Milliarde	On dit qu'il y a six ~[9] de personnes dans le monde.
l'Inde [lɛ̃d] *f.*	Indien	
les États-Unis [lezetazyni]	die USA	
la Russie [laʀysi]	Russland	
émerger de qc [emɛʀʒe]	aus etw. herausragen *wird wie* bouger *konjugiert* → Verbes, p. 128	En Bretagne, on peut voir de gros rochers qui ~[10] de l'océan.
le globe [ləglɔb]	der Erdball	Le ~, c'est notre planète: la Terre.
l'union [lynjɔ̃] *f.*	die Union, die Einheit	
l'adhésion [ladezjɔ̃] *f.*	der Beitritt	L'~, c'est l'acte de devenir membre d'une organisation.
l'unification [lynifikasjɔ̃] *f.*	die Vereinigung	
l'ancêtre [lɑ̃sɛtʀ] *m.*	der Vorfahre	Parmi les Allemands qui ont un nom français, il y en a beaucoup qui ont des ~[11] huguenots.
la Grande-Bretagne [lagʀɑ̃dbʀətaɲ]	Großbritannien	

la puissance [lapɥisɑ̃s]	die Macht	Les États-Unis sont une grande ~ mondiale.
romain/e [ʀɔmɛ̃/ʀɔmɛn] *adj.*	römisch	L'Espagne et la France sont des anciennes colonies ~[12].
diversifier qc [divɛʀsifje]	etw. abwechslungsreich gestalten	Quand on veut que chaque partie d'une chose soit différente, on essaie de la ~.
la devise [ladəviz]	die Devise, das Motto	As-tu une ~ de vie?
unir qn/qc [yniʀ] ▸ l'union *f.*, l'unification *f.*	jdn/etw. vereinen *wird wie* réagir *konjugiert* → Verbes, p. 128	Quand on veut réaliser un projet important, il faut ~ toutes les forces.
la diversité [ladivɛʀsite] ▸ diversifier qc	die Vielfalt	En Europe, on trouve une grande ~ culturelle.
commercial/e [kɔmɛʀsjal] *adj.* ▸ le/la commerçant/e	Handel- + *Nomen*	C'est un traité ~ qui est à l'origine de l'Union européenne.
le Japon [ləʒapɔ̃]	Japan	

VOCABULAIRE DU DOCUMENT SONORE

l'épisode [lepizɔd] *m.*	die Episode, die Begebenheit	Un ~ est une partie d'une histoire.
la trêve [latʀɛv]	die Waffenruhe	Pendant une ~ la guerre s'arrête pour un moment.
en effet [ɑ̃nefɛ] ▶ l'effet *m.*	tatsächlich	~, vous avez raison.
le Débarquement [ləde-baʀkmɑ̃] ▶ débarquer	*die Landung der Alliierten in Frankreich* → Civilisation, p. 137	
les Alliés [lezalje]	die Alliierten	Après la Seconde Guerre mondiale, les ~ ont occupé Berlin et l'Allemagne.
la Normandie [lanɔʀmɑ̃di]	die Normandie → Civilisation, p. 137	
Bernières-sur-mer [bɛʀnjɛʀsyʀmɛʀ]	*Seebad in der Normandie* → Civilisation, p. 137	

1 mondiale 2 ruine 3 appelle ... à 4 chancelière 5 membres 6 introduit 7 pays membres 8 passé à 9 millards 10 émergent 11 ancêtres 12 romaines

(ê)**se dérouler** [sədeʀule]	sich entwickeln, sich abspielen	«~», c'est «se passer».
l'Écossais/e [lekɔsɛ/ lekɔsɛz]	der/die Schotte/-in	Les ~[1] vivent dans le nord de la Grande-Bretagne.
écossais/e [ekɔsɛ/ekɔsɛz] *adj.* ▶ l'Écossais/e	schottisch	Le kilt est le vêtement ~ traditionnel.
prêt/e [pʀɛ/pʀɛt] *adj.*	fertig, bereit	Thomas est ~? On peut partir?

être prêt/e à + *Inf.*: bereit sein etw. zu tun

le/la spectateur/-trice [ləspɛktatœʀ/laspɛktatʀis]	der/die Zuschauer/in	Les gens qui regardent un spectacle sont les ~[2].
transporter qn/qc [tʀɑ̃spɔʀte] ▶ le transport	jdn/etw transportieren	Le métro de Paris ~[3] des millions de personnes par jour.
le/la Danois/e [lədanwa/ladanwaz] *adj.*	der Däne / die Dänin	

interrompre qn/qc [ɛ̃tɛʀɔ̃mpʀ]	jdn/etw. unterbrechen → Verbes, p. 128	Il n'est pas poli d'~ quelqu'un.
l'officier [lɔfisje] *m.*	der Offizier	L'~ est le chef d'un groupe de soldats.
la séquence [lasekɑ̃s]	die Sequenz	Dans ce livre, chaque dossier a deux ~[4].
le lieutenant [ləljøtnɑ̃]	der Leutnant	
le **front** [ləfʀɔ̃]	die Front	
la tranchée [latʀɑ̃ʃe]	der Schützengraben	Une ~ doit protéger la vie des soldats.
Lens [lɑ̃s]	*nordfranzösische Stadt* → Civilisation, p. 137	
abattre qn [abatʀ]	*hier:* jdn erschießen *wird wie* battre *konjugiert* → Verbes, p. 128	
observer qn/qc [ɔpsɛʀve]	jdn/etw. beobachten	Aimes-tu ~ les animaux?
ennemi/e [ɛnmi] *adj.* ennemi/e ≠ amical/e	feindlich	Les lieutenants des armées ~[5] se rencontrent.
la permission [lapɛʀmisjɔ̃] ▸ permettre à qn de + *Inf.*	*hier:* der Heimaturlaub *auch:* die Erlaubnis	Les enfants demandent la ~ à leurs parents avant de faire quelque chose.

auprès de qn [opʀɛdə] *prép.*	zu jdm, bei jdm	Léa est restée toute la nuit ~ sa mère malade.
le sapin [ləsapɛ̃]	der Tannenbaum	À Noël, beaucoup de gens mettent un ~ dans leur salle de séjour.
la bougie [labuʒi]	die Kerze	Sur l'arbre de Noël on met souvent des ~[6].
soudain [sudɛ̃] *adv.*	plötzlich	«~» veut dire «tout à coup».
reprendre qc [ʀəpʀɑ̃dʀ] ▶ prendre	*hier:* etw. wiederaufnehmen *wird wie* prendre *konjugiert* → Verbes, p. 128	Il y a des groupes qui ont ~[7] des chansons des Beatles.
la cornemuse [lakɔʀnəmyz]	der Dudelsack	La ~ est un instrument de musique traditionnelle.
la clé [lakle]	der Schlüssel	Il ne peut pas rentrer chez lui parce qu'il a perdu sa ~.
le moment-clé [ləmɔmɑ̃kle] ▶ le moment	die Schlüsselszene	Le ~ d'un film, c'est le moment principal.
(ê)**s'avancer** [savɑ̃se] ▶ avancer	sich nähern *wird wie* avancer *konjugiert* → Verbes, p. 128	«~» c'est «s'approcher».

à son tour [asɔ̃tuʀ] ▶ C'est son tour.	seinerseits, ihrerseits	
caresser qn/qc [kaʀɛse]	jdn/etw. streicheln	Les chiens aiment bien qu'on les ~[8].
le pasteur [ləpastœʀ]	der Pfarrer, der Pastor	Le ~ est un homme d'Église protestante.
la messe [lamɛs]	die (katholische) Messe *Kirche*	À Noël, beaucoup de gens vont à la ~ de minuit.

dire une messe: eine Messe lesen

la ferveur [lafɛʀvœʀ]	die Inbrunst	La ~ est une forte émotion.

avec ferveur *adv.*: inbrünstig, ergriffen

la caméra [lakameʀa]	die Filmkamera	On utilise une ~ pour faire des films.

Verwechsle nicht:

la caméra   l'appareil photo (numérique) *m.*

le gros plan [ləgʀoplɑ̃]	die Nahaufnahme	Quand on veut montrer quelque chose de très près dans un film, on le montre en ~.
le visage [ləvizaʒ]	das Gesicht	Le matin, on se lave le ~.
(ê)**se mettre d'accord (pour + *Inf.*)** [səmɛtʀdakɔʀ(puʀ)] ▶ mettre, l'accord *m.*	sich einigen (über etw.) *wird wie* mettre *konjugiert* → Verbes, p. 128	
enterrer qn/qc [ɑ̃tɛʀe] ▶ la terre	jdn/etw. beerdigen	~ un mort, c'est le mettre dans la terre.
extraordinaire [ɛkstʀaɔʀdinɛʀ] *m./f. adj.*	außergewöhnlich	Le film «Joyeux Noël» montre une histoire ~.
la fraternisation [lafʀatɛʀnizasjɔ̃] ▶ le frère	die Verbrüderung	Une ~, c'est un acte de solidarité.
punir qn [pyniʀ]	jdn bestrafen *wird wie* réagir *konjugiert* → Verbes, p. 128	Ce despote est un criminel. Il faut le ~.
le/la supérieur/e [lə/lasypeʀjœʀ]	der/die Vorgesetzte	Le directeur d'une école est le ~ de tous les profs.

tenir secret qc [təniʀsəkʀɛ] ▶ le secret	etw. geheim halten	Les informations importantes ont été ~[9].

1 Écossais 2 spectateurs 3 transporte 4 séquences 5 ennemies 6 bougies 7 repris 8 caresse 9 tenues secrètes

DOSSIER 3, SÉQUENCE 2

pas possible [pɑpɔsibl] *adj.* ▶ possible *m./f. adj.*	*hier:* unglaublich *auch:* unmöglich	J'ai un frère ~. Il se moque de tout le monde.
l'asthme [lasm] *m.*	das Asthma	Quand on a de l'~, on a des difficultés à respirer.
allergique à qc [alɛʀʒika] *m./f. adj.*	allergisch gegen etw.	Il y a des gens qui sont ~[1] lait.
le poil [ləpwal]	das Tierhaar	Roman est allergique aux ~[2] de chats.
l'humeur [lymœʀ] *f.*	die Stimmung, die Laune	La plupart des gens sont de bonne ~ quand il fait beau.
prêter qc à qn [pʀɛtea]	jdm etw. leihen	J'ai oublié mon stylo. Tu peux ~[3] le tien?
le matelas [ləmatla]	die Matratze	Je dors mieux sur un ~ dur.

(ê)**s'asseoir** [saswaʀ] ▸ assis/e	sich setzen → Verbes, p. 128	Ne restez pas debout! ~[4], s'il vous plaît!
bruyant/e [bʀɥijɑ̃/bʀɥijɑ̃t] *adj.* ▸ le bruit	laut	C'est difficile de vivre avec des voisins ~[5].
le maire [ləmɛʀ]	der/die Bürgermeister/in	Connais-tu le ~ de ta ville?
la tribune [latʀibyn]	die Tribüne	Au stade, il y a deux grandes ~[6].
la commune [lakɔmyn]	die Gemeinde	Le maire s'occupe des affaires de sa ~.
symbolique [sɛ̃bɔlik] *m./f. adj.* ▸ le symbole	symbolisch	
l'événement [levɛnmɑ̃] *m.*	das Ereignis	La Coupe du monde de football en 2006 a été un grand ~ en Allemagne.
dessus [dəsy] *adv.*	darauf	Mon sandwich est tombé par terre, ne marche pas ~.
beurk! [bœʀk] *fam.*	igitt!	

le rouquin / la rouquine [ləʀukɛ̃/laʀukin] *fam.* ▶ rouge *m./f. adj.*

der/die Rothaarige

être blond/e

être brun/e

être *roux/rousse*

la brosse [labʀɔs]

die Bürste

On peut nettoyer les chaussures à l'aide d'une ~.

avoir les cheveux en brosse: einen Bürstenschnitt haben

l'appel [lapɛl] *m.* ▶ s'appeler, appeler qn

der Aufruf

En 1940, Charles de Gaulle a fait son célèbre ~ au peuple français.

accompagner qn [akɔ̃paɲe]	jdn begleiten	Je ne veux pas aller tout seul au cinéma. Tu~[7]?
intimider qn [ɛ̃timide]	jdn einschüchtern	Ce garçon est trop intelligent. Il m'~[8].

avoir le cœur qui bat à cent à l'heure: starkes Herzklopfen haben, sehr aufgeregt sein

le parcours [ləpaʀkuʀ]	der Weg, die Strecke	Tous les jours, je fais le même ~ à vélo.
le bout [ləbu]	das Ende	Ce village se trouve vraiment au ~ du monde.
entraîner qn (vers qn/qc) [ɑ̃tʀɛne(vɛʀ)]	jdn führen, jdn mit sich ziehen (zu jdm/etw.)	Mathis ~ sa copine ~[9] la table.
l'instant [lɛ̃stɑ̃] *m.*	der Augenblick	Attendez un ~, on va vous servir tout de suite.

à cet instant *adv.*: in diesem Augenblick

la rencontre [laʀɑ̃kɔ̃tʀ] ▶ rencontrer qn	das Treffen	Les jumelages franco-allemands permettent des ~[10] entre des Français et des Allemands.

exceptionnel/le [eksɛp-sjɔnel] *adj.*	außergewöhnlich	Connais-tu une personne ~[11]?
timide [timid] *m./f. adj.* ▶ intimider qn	schüchtern	Ce garçon est tellement ~ qu'il n'ose pas parler avec les filles.
souabe [swab] *m./f. adj.*	schwäbisch	Les «Maultaschen» sont un plat ~.
inoubliable [inublijabl] *m./f. adj.* ▶ oublier qn/qc	unvergesslich	On a passé quelques jours ~[12] à Paris.
(ê)**s'inquiéter** [sɛ̃kjete]	sich beunruhigen *wird wie* espérer *konjugiert* → Verbes, p. 128	Tu as peur qu'il ne vienne pas? Ne ~[13] pas. Il arrive toujours en retard.
le sommeil [ləsɔmɛj]	der Schlaf, die Müdigkeit	Parfois on fait de beaux rêves pendant son ~.
l'étudiant/e [letydjɑ̃/letydjɑ̃t]	der/die Student/in	
Erasmus [ɛʀasmys]	*hier: europäisches Studentenaustauschprogramm (benannt nach dem holländischen Philosophen Erasmus von Rotterdam)*	

subventionner qn/qc [sybvɑ̃sjɔne]	jdn/etw. subventionieren *mit Geld unterstützen*	L'Union européenne ~[14] l'agriculture.
sur place [syʀplas] *adv.*	vor Ort	
faire (qc) pareil [fɛʀpaʀɛj] ▶ faire, pareil/le *adj.*	(etw.) genauso machen	Moi, à ta place, je ~[15].
braver qn/qc [bʀave]	jdm/etw. trotzen, jdm/etw. die Stirn bieten	Cet homme n'a jamais peur: il ~[16] tous les dangers.
la déclinaison [ladeklinɛzɔ̃]	die Deklination	Il n'y a pas de ~ en français.
l'accusatif [lakysatif] *m.*	der Akkusativ	
le datif [lədatif]	der Dativ	
l'expo [lɛkspo] *fam.* ou: **l'exposition** [lɛkspozisjɔ̃] *f.*	die Ausstellung	L'autre jour, j'ai visité une ~ de photos très intéressante.
l'abeille [labɛj] *f.*	die Biene	Grâce aux ~[17], on a du miel.
être lié/e à qn/qc [ɛtʀəliea]	mit jdm/etw. verbunden sein	
informatique [ɛ̃fɔʀmatik] *m./f. adj.*	Computer- + *Nomen*	

pire [piʀ] *m./f. adj.*	schlimmer	
reculer [ʀəkyle] ▶ le recul	zurückweichen	Ce gros chien devant la porte nous a fait ~.
le pas [ləpɑ]	der Schritt	

reculer d'un pas: einen Schritt zurückweichen

1 allergiques au 2 poils 3 me prêter 4 Asseyez-vous 5 bruyants 6 tribunes 7 m'accompagnes 8 intimide 9 entraîne … vers 10 rencontres 11 exceptionnelle 12 inoubliables 13 t'inquiètes 14 subventionne 15 ferais pareil 16 brave 17 abeilles

DOSSIER 4, Approches

la tendance [latɑ̃dɑ̃s]	*hier:* der Trend, der Zeitgeist *auch:* die Tendenz	Faut-il toujours suivre les dernières ~[1] de la mode?
chauffer (qc) [ʃofe] ▶ chaud/e *adj.*	*hier ugs.:* ernst werden *auch:* (etw.) heizen	Dans la banlieue, ça ~[2]! Comment ~[3]-vous votre appartement?

Ça va chauffer! *fam.* = Die Sache wird ernst.

Montpellier [mɔ̃pəlje]	*Stadt in Südfrankreich* → Civilisation, p. 137	
entouré/e de qn/qc [ɑ̃tuʀedə] *adj.*	umgeben von jdm/etw.	La maison est ~[4] un beau jardin.
la steppe [lastɛp]	die Steppe	Les ~[5] sont des régions très sèches.
aride [aʀid] *m./f. adj.*	karg, trocken	
régulariser qn [ʀegylaʀize]	*hier:* jdn anerkennen *jdm die Aufenthaltsgenehmigung geben*	Beaucoup d'immigrés espèrent qu'on les ~[6] un jour.
le/la sans-papier [lə/lasɑ̃papje] ▶ le papier, sans	der/die Immigrant/in ohne Aufenthaltsgenehmigung	La situation des ~[7] est difficile.
scolariser qn [skɔlaʀize] ▶ scolaire *m./f. adj.*	jdn einschulen	En général, on ~[8] les enfants à six ans.
juste [ʒyst] *adv.*	*hier:* nur	Je ne veux pas te déranger. J'ai ~ une petite question.
consommer (qc) [kɔ̃sɔme]	(etw.) konsumieren, (etw.) verbrauchen	Combien de chocolat ~[9]-tu par an?

le chaton [ləʃatɔ̃]	das Kätzchen *hier: Kosewort in Frankreich*	Je t'aime beaucoup, mon ~.

Vergleiche:

Mein Spatz! Meine Maus!

Ma puce! (la puce: der Floh) Mon chaton!

découper qc [dekupe]	etw. ausschneiden	Cet article m'intéresse, je vais le ~.
recycler qc [ʀəsikle]	etw. wieder verwerten, etw. recyclen	On peut ~ beaucoup de choses, p. ex. le papier, le verre et le plastique.
commander qc [komɑ̃de]	etw. bestellen	Dans un restaurant, on ~[10] un repas.

lutter [lyte]	kämpfen	Parfois il faut ~ dur pour obtenir quelque chose.
(ê)**se foutre de qn/qc** [səfutʀdə] *fam.*	auf jdn/etw. pfeifen	Antoine fait ce qu'il veut. Il ~[11] ce que disent les autres.
la console [lakɔ̃sɔl]	die Spielkonsole	
la consommation [lakɔ̃sɔmasjɔ̃] ▶ consommer	der Verbrauch	
l'énergie [lenɛʀʒi] *f.*	die Energie	Les pays riches consomment trop d'~.
renouvelable [ʀənuvlabl] *m./f. adj.* ▶ nouveau/nouvelle *adj.*	erneuerbar	En Allemagne, on utilise de plus en plus d'énergies ~[12].
le gaz [ləgaz]	das Gas	
le nucléaire [lənykleɛʀ]	die Kernenergie	En France, on utilise beaucoup de ~.
le pétrole [ləpetʀɔl]	das Erdöl	Le ~ est une ressource non renouvelable.

tenir compte de qn/qc [tənirkɔ̃tdə]	jdn/etw. berücksichtigen *wird wie* venir *konjugiert* → Verbes, p. 128	
le/la consommateur/-trice [ləkɔ̃sɔmatœr/lakɔ̃sɔmatris] ▶ consommer, la consommation	der/die Verbraucher/in	En Allemagne, il y a une association qui s'occupe des droits des ~[13].
le produit [ləprɔdɥi] ▶ la production	das Produkt	Avant d'acheter un ~, il faudrait s'informer sur les conditions de production.
le nouvel Observateur [lənuvelɔpsɛrvatœr] ou: **le nouvel Obs** [lənuvɛlɔps] *fam.*	*wöchentlich erscheinende französische Zeitschrift*	
la natalité [lanatalite] ▶ être né/e	die Geburtenrate	La ~ en Allemagne est plus basse qu'en France.
Vive qn/qc! [viv] ▶ vivre	Es lebe jmd/etw.!	~ la République!
À quoi bon? [akwabɔ̃]	Wofür ist das gut? Was nützt es?	

le record [ləʀəkɔʀ]	der Rekord	Sais-tu qui a battu le ~ mondial des 100 m?
le TGV [ləteʒeve]	*französischer Hochgeschwindigkeitszug* → Civilisation, p. 137	

VOCABULAIRE DU DOCUMENT SONORE

trier qc [tʀije]	etw. sortieren	On ~[14] le papier, le verre et le plastique pour les recycler.
les déchets [ledeʃɛ] *m. pl.*	der Müll, der Abfall	Malheureusement, il y a des gens qui jettent leurs ~ dans la forêt.
prendre un bain [pʀɑ̃dʀɛ̃bɛ̃] ▶ (ê)se baigner	baden, ein Bad nehmen → Verbes, p. 128	~ fait consommer beaucoup d'énergie, alors je préfère prendre une douche.
au lieu de qc [oljødə]	anstatt / anstelle von etw.	Il faudrait plutôt agir ~ parler.
économiser qc [ekɔnɔmize] ▶ l'économie *f.*, économe *m./f. adj.*	etw. sparen	Pour pouvoir faire un voyage, il faut ~ un peu d'argent.

électrique [elɛktʀik] *m./f. adj.*	elektrisch	Il y a des appareils ~[15] qui consomment trop d'énergie.
l'essence [lɛsɑ̃s] *f.*	das Benzin	Les grosses voitures consomment trop d'~.
imprimer qc [ɛ̃pʀime]	etw. drucken	Veux-tu ~ ces photos?
débrancher qc [debʀɑ̃ʃe]	etw. abschalten *den Stecker ziehen*	N'oublie pas de ~ la télévision avant de partir en vacances.
le commerce [ləkɔmɛʀs] ▶ le/la commerçant/e	der Handel	Marc veut travailler dans le ~.
équitable [ekitabl] *m./f. adj.*	gerecht, fair	Dans presque tous les supermarchés, on peut acheter des produits du commerce ~.
le réflexe [ləʀeflɛks]	der Reflex, die Reaktion	C'est important d'avoir de bons ~[16].

avoir le réflexe de faire qc: etw. automatisch/reflexartig tun, etw. ohne nachzudenken tun

le climat [ləklima]	das Klima	Le ~ change.
(ê)**se réchauffer** [səʀeʃofe] ▶ chaud/e *adj.*, chauffer	sich erwärmen	Notre planète est en train de ~.

1 tendances 2 chauffe 3 chauffez 4 entourée d' 5 steppes 6 régularisera 7 sans-papier *(unveränderlich)* 8 scolarise 9 consommes 10 commande 11 s'en fout de 12 renouvelables 13 consommateurs 14 trie 15 électriques 16 réflexes

DOSSIER 4, SÉQUENCE 1

actuel/le [aktɥɛl] *adj.* ▸ les actualités *f. pl.*	aktuell	Ces informations ne sont plus ~[1].
la sociologie [lasɔsjɔlɔʒi]	die Soziologie	La ~ est une science qui étudie la société humaine.
Nanterre [nɑ̃tɛʀ]	*Vorort von Paris* → Civilisation, p. 137	
la spiritualité [laspiʀitɥa-lite] ▸ l'esprit *m.*	die Spiritualität	
Taizé [teze]	*Name einer Gemeinde und eines Klosters in der Bourgogne* → Civilisation, p. 137	

passionnant/e [pasjɔnɑ̃/pasjɔnɑ̃t] *adj.* ▶ la passion	spannend	Il faut que tu lises ce roman. Il est vraiment ~!
il n'y a pas longtemps de ça [ilnjapalɔ̃tɑ̃dəsa] *fam.*	vor nicht allzu langer Zeit	
dès que + *futur antérieur* [dɛkə] *conj.*	sobald	~ Claire aura fini l'école, elle partira à la Réunion pour faire un stage.
remettre qn/qc en question [ʀəmɛtʀɑ̃kɛstjɔ̃] ▶ mettre	jdn/etw. in Frage stellen *wird wie* mettre *konjugiert* → Verbes, p. 128	Parfois on devrait ~ les informations qu'on reçoit des médias.
la manifestation [lamanifɛstasjɔ̃] ou: **la manif** [lamanif] *fam.*	die Demonstration	Demain, tout le collège va participer à une ~ contre le racisme.
rare [ʀaʀ] *m./f. adj.*	selten	C'est ~ de réussir dans toutes les matières.
critique [kʀitik] *m/f. adj.* ▶ critiquer qn/qc	kritisch	Laure n'accepte pas tout ce qu'on lui raconte. Elle a un esprit ~.
la promesse [lapʀɔmɛs] ▶ promettre qc à qn	das Versprechen	Il faut essayer de tenir ses ~^{2}.

tenir une promesse: ein Versprechen halten

le salaire [ləsalɛʀ]	der Lohn, das Gehalt	Aurélie travaille dix heures par jour mais son ~ est très bas.
le médicament [ləmedikamɑ̃]	das Medikament	On peut acheter des ~[3] dans une pharmacie.
le sida [ləsida]	Aids	Le ~ est une maladie très grave.
le droit de l'homme [lədʀwadəlɔm]	das Menschenrecht	Connais-tu tous les ~[4]?
la société du spectacle [lasɔsjetedyspɛktakl]	die Spaßgesellschaft	
influencer qn/qc [ɛ̃flyɑ̃se]	jdn/etw. beeinflussen *wird wie* avancer *konjugiert* → Verbes, p. 128	Il ne faut pas se laisser trop ~ par les médias.
le comportement [ləkɔ̃pɔʀt(ə)mɑ̃]	das Verhalten	Grâce à son bon ~, Lucas peut sortir de prison.
virtuel/le [viʀtɥɛl] *adj.*	virtuell	Il y a des gens qui se réfugient dans une vie ~[5].

ouvrir son ordinateur [uvʀiʀsɔ̃nɔʀdinatœʀ]	den Computer hochfahren	Avant d'aller sur Internet, il faut ~.
second/e [səgɔ̃/səgɔ̃d] *adj.*	zweiter/-e	~ veut dire «deuxième».
multiple [myltipl] *m./f. adj.*	vielfältig, mannigfaltig	Il y a beaucoup de mots qui ont de ~[6] sens.
malsain/e [malsɛ̃/malsɛn] *adj.*	ungesund	Fumer est très ~.
(ê)**s'éclater** [seklate] *fam.*	sich austoben, sich amüsieren	Julie ~[7] au concert de rap.
le goût [ləgu]	*hier:* die Vorliebe	Amélie a un ~ pour le chocolat noir.

Unterscheide:

Il a un goût pour les voitures de sport.
(= die Vorliebe)

Cette voiture n'est pas à son goût.
(= der Geschmack)

extrême [ɛkstʀɛm] *m./f. adj.*	extrem, Extrem- + *Nomen*	L'escalade urbaine est un sport ~.
l'objectif [lɔbʒɛktif] *m.*	das Ziel	Mon ~ est d'avoir mon bac.
la sensation [lasɑ̃sasjɔ̃]	der Eindruck, die Empfindung	
la santé [lasɑ̃te] ▶ malsain/e *adj.*	die Gesundheit	Faire du sport est bon pour la ~.
le titre [lətitʀ]	der Titel	Quel est le ~ du roman que tu es en train de lire?
la beauté [labote] ▶ beau/belle *adj.*	die Schönheit	Certaines personnes dépensent beaucoup d'argent pour les produits de ~.
la préoccupation [lapʀeɔky-pasjɔ̃]	die Sorge	«~» veut dire «souci».
l'écolo [lekɔlo] *fam.* ou: **l'écologiste** [lekɔlɔʒist] *m./f.*	der/die Umweltschützer/in	En France, il y a de plus en plus d'~[8].
le sac en plastique [ləsakɑ̃-plastik]	die Plastiktüte	Prends-tu des ~[9] quand tu fais les courses?

disparaître [dispaʀɛtʀ]	verschwinden *wird wie* connaître *konjugiert* → Verbes, p. 128	Notre chat n'est plus là. Il a ~[10].
le déluge [lədelyʒ]	die Sintflut	Hier il a plu très fort, c'était le ~.
l'Arctique [laʀktik] *f.*	die Arktis	
souffrir de qn/qc [sufʀiʀdə]	an jdm/etw. leiden *wird wie* ouvrir *konjugiert* → Verbes, p. 128	Il y a encore trop de gens qui ~[11] faim.
le changement de climat [ləʃɑ̃ʒmɑ̃dklima] ▸ changer	der Klimawandel	Le ~ peut avoir des effets inattendus.
provoquer qn/qc [pʀɔvɔke]	jdn/etw. herausfordern, etw. verursachen	Les conducteurs imprudents ~[12] des accidents.
définir qc [definiʀ]	etw. definieren, etw. beschreiben *wird wie* réagir *konjugiert* → Verbes, p. 128	Avant de nous pencher sur le problème, essayons de le ~.
la rapidité [laʀapidite]	die Schnelligkeit, die Schnelllebigkeit	Mon ordinateur travaille à une ~ extraordinaire.

1 actuelles 2 promesses 3 médicaments 4 droits de l'homme 5 virtuelle 6 multiples 7 s'éclate 8 écolos 9 sacs en plastique 10 disparu 11 souffrent de 12 provoquent

le héros / l'héroïne [ləeʀo/leʀɔin]	der/die Held/in	Qui est ton ~?
la discussion [ladiskysjɔ̃] ▶ discuter	das Gespräch, die Diskussion	Les ~[1] sont importantes pour connaître beaucoup d'opinions.
l'animateur/-trice [lanimatœʀ/lanimatʀis]	*hier:* der/die Moderator/in	Malika a toujours adoré les émissions à la radio. Aujourd'hui, elle est ~[2].
citer qn/qc [site]	jdn/etw. zitieren, etw. nennen	Peux-tu ~ dix villes françaises?
exemplaire [ɛgzɑ̃plɛʀ] *m./f. adj.* ▶ l'exemple *m.*	vorbildlich, nachahmenswert	L'engagement social de Mathis est ~.
le piège [ləpjɛʒ]	die Falle	Attention! Ne tombe pas dans le ~!

la question-piège: die Fangfrage

alors que [alɔʀkə] *conj.*	obwohl	Mathieu préfère rester à la maison ~[3] il fait beau.

immédiatement [imedjatmɑ̃] *adv.*	sofort	«~» veut dire «tout de suite».
Nicolas Hulot [nikɔlaylo]	*französischer Umweltschützer* → Civilisation, p. 137	
obliger qn (à + ***Inf.*****)** [ɔbliʒe] ▶ obligatoire *m./f. adj.*	jdn verpflichten, jdn zwingen (etw. zu tun) *wird wie* bouger *konjugiert* → Verbes, p. 128	Personne n'a le droit de t'~ à faire ce que tu n'as pas envie de faire.
mettre la pression [mɛtʀlapʀɛsjɔ̃]	Druck ausüben	
la fondation [lafɔ̃dasjɔ̃] ▶ fonder qc	die Stiftung	Connais-tu une ~ qui aide les jeunes artistes?
rassembler qc [ʀasɑ̃ble]	etw. sammeln	Avant d'écrire un livre, il faut ~ des idées.
la signature [lasiɲatyʀ] ▶ signer qc	die Unterschrift	Dans cette lettre, il manque la ~.
faire circuler qc [fɛʀsiʀkyle] ▶ circuler	etw. in den Umlauf bringen	Pendant la Révolution française, on a ~[4] des idées modernes.

borné/e [bɔʀne] *adj.*	borniert, engstirnig	Mon voisin n'a pas l'esprit ouvert, il est plutôt ~.
supprimer qc [sypʀime]	etw. abschaffen	Dans certains pays, on essaie de ~ les droits de l'homme.
priver qn de qc [pʀivedə]	jdm etw. entziehen, jdm etw. wegnehmen	Quand on met quelqu'un en prison, on le ~[5] sa liberté.
modérer qc [mɔdeʀe]	etw. einschränken *wird wie* espérer *konjugiert* → Verbes, p. 128	Il faut essayer de ~ la consommation d'énergie.
l'usage [lyzaʒ] *m.* ▶ utiliser qc	der Gebrauch	
déplaire à qn [deplɛʀ] déplaire ≠ plaire	jdm missfallen *wird wie* plaire *konjugiert* → Verbes, p. 128	Le comportement de mon frère me ~[6]. Il ne dit bonjour à personne.
reprocher qc à qn [ʀəpʀɔʃe]	jdm etw. vorwerfen	Laure a fait de son mieux. On ne peut rien lui ~.

heureusement (que) [øʀøzmɑ̃] *adv.* ▶ heureux/-euse *adj.* heureusement ≠ malheureusement	glücklicherweise	Le médecin est ~ venu au bon moment.
la prune [lapʀyn]	die Pflaume	Quelles ~[7] préfères-tu: les bleues ou les jaunes?

faire qc pour des prunes: etw. umsonst tun

Je suis de ton avis. [ʒəsɥidətɔ̃avi]	Ich bin deiner Meinung.	
négatif/-ive [negatif/negativ] *adj.*	negativ	Léo a envoyé sa candidature à la Star Ac' mais il a eu une réponse ~[8].
l'environnement [lɑ̃viʀɔnmɑ̃] *m.*	die Umwelt	Beaucoup de jeunes s'occupent de la protection de l'~.
Dis toujours. [dituʒuʀ] *fam.*	Na sag schon.	
Marie Curie [maʀikyʀi]	*französische Physikerin* → Civilisation, p. 137	

l'homme scientifique / la femme scientifique [lɔmsjɑ̃tifik/lafamsjɑ̃tifik] ▶ scientifique *m./f. adj.*	der/die Wissenschaftler/in	Connais-tu une ~[9] allemande célèbre?
courant/e [kuʀɑ̃/kuʀɑ̃t] *adj.*	gängig, an der Tagesordnung	L'usage de l'ordinateur au collège est très ~.
la radioactivité [laʀadjɔakti-vite]	die Radioaktivität	Il faut se protéger des effets négatifs de la ~.
Pierre Curie [pjɛʀkyʀi]	*französischer Physiker* → Civilisation, p. 137	
le/la chercheur/-euse [ləʃɛʀʃœʀ/laʃɛʀʃøz]	der/die Forscher/in	Albert Einstein était un grand ~.
à propos [apʀɔpo]	apropos, übrigens	
Fred Vargas [fʀɛdvaʀgas]	*französische Schriftstellerin* → Civilisation, p. 137	
la peste [lapɛst]	die Pest	Au Moyen-Âge, la ~ était assez courante.
l'archéologue [laʀkeɔlɔg] *m./f.* ▶ l'archéologie	der/die Archäologe/-in	L'~ étudie des cultures anciennes.

le laboratoire [ləlabɔʀa-twaʀ]	das Labor	Beaucoup de chercheurs travaillent dans un ~.
scientifique [sjɑ̃tifik] *m./f. adj.* ▶ la science, l'homme / la femme scientifique	wissenschaftlich	Les chercheurs font un travail ~.
l'épidémie [lepidemi] *f.*	die Epidemie, die Seuche	Quand il y a une ~, beaucoup de gens tombent malade.
inventer qc [ɛ̃vɑ̃te]	etw. erfinden	~, c'est créer quelque chose de nouveau.
la combinaison [lakɔ̃bi-nɛzɔ̃]	*hier:* die Schutzkleidung *auch:* die Kombination	Les gens qui travaillent dans un laboratoire doivent porter une ~.
la grippe [lagʀip]	die Grippe	Presque tous les ans, il y a une épidémie de ~.
aviaire [avjɛʀ] *m./f. adj.*	Vogel- + *Nomen*	La grippe ~ peut être dangereuse pour les hommes.
Sœur Emmanuelle [sœʀemanɥɛl]	*belgische Ordensschwester* → Civilisation, p. 137	
profondément [pʀɔfɔ̃demɑ̃] *adv.*	tief, zutiefst	L'enfant dort ~.

à l'heure actuelle [alœʀaktɥɛl] *adv.* ▶ l'heure *f.*, actuel/le *adj.*	heutzutage, im Moment	~, les relations entre la France et l'Allemagne sont très bonnes.
l'Égypte [leʒipt] *f.*	Ägypten	Nicolas vient de faire un voyage en ~.
le dispensaire [lədispɑ̃sɛʀ]	die Ambulanz *im Krankenhaus*	Dans un ~ on s'occupe des malades.
le confort [ləkɔ̃fɔʀ] ▶ confortable *m./f. adj.*	der Komfort	Cette chambre a tout le ~ qu'il faut pour bien dormir.

1 discussions 2 animatrice 3 alors qu' 4 fait circuler 5 prive de 6 déplaît 7 prunes 8 négative 9 femme scientifique

DOSSIER 5, Approches

le Mali [ləmali]	Mali → Civilisation, p. 137	
le sel [ləsɛl] ▶ salé/e *adj.*	das Salz	Ne mets pas trop de ~ dans la soupe!
l'uranium [lyʀanjɔm] *m.*	das Uran	L'~ possède une forte radioactivité.

le Sénégal [ləsenegal]	Senegal → Civilisation, p. 137	
le Burkina Faso [ləbyʀkina-faso]	Burkina Faso → Civilisation, p. 137	
l'arachide [laʀaʃid] *f.*	die Erdnuss	Aimes-tu le beurre d'~?
le maïs [ləmais]	der Mais	Dans beaucoup de pays, on utilise la farine de ~ pour préparer des plats traditionnels.
la mine [lamin]	die Mine, das Bergwerk	Le travail dans une ~ est très dur.
le cuivre [ləkɥivʀ]	das Kupfer	Ma grand-mère a des assiettes en ~.
le fer [ləfɛʀ]	das Eisen	Le chocolat est riche en ~.
la Côte d'Ivoire [lakotdi-vwaʀ]	Elfenbeinküste → Civilisation, p. 137	
le bois [ləbwa]	das Holz	En Allemagne, il n'y a pas beaucoup de maisons en ~.
pétrolier/-ière [petʀɔlje/petʀɔljɛʀ] *adj.* ▶ le pétrole	Erdöl- + *Nomen*	L'essence est un produit ~.

Yamoussoukro [jamu-sukʀo]	*Hauptstadt der Elfenbeinküste* → Civilisation, p. 137	
l'ananas [lanana(s)] *m.*	die Ananas	L'~ est un fruit exotique.
administratif/-ive [administʀatif/administʀativ] *adj.*	Verwaltungs- + *Nomen*	Dans les DOM, la langue ~[1] est le français.
privilégié/e [privileʒje] *adj.*	privilegiert, begünstigt, günstig	
maternel/le [matɛʀnɛl] *adj.*	Mutter- + *Nomen,* mütterlich	On apprend beaucoup à l'école ~[2].
l'enseignement [lɑ̃sɛɲəmɑ̃] *m.*	der Unterricht, das Bildungswesen	Les profs travaillent dans l'~.
l'île Maurice [lilmoʀis] *f.*	Mauritius → Civilisation, p. 137	
la Tunisie [latynizi]	Tunesien → Civilisation, p. 137	
l'Algérie [lalʒeʀi] *f.*	Algerien → Civilisation, p. 137	
le Congo [ləkɔ̃go] ou: **la République démocratique du Congo** [laʀepyblikdemɔkʀatikdykɔ̃go]	die Demokratische Republik Kongo → Civilisation, p. 137	

le Nigeria [lənigeʀja]	Nigeria → Civilisation, p. 137	
subsaharien/ne [sypsaaʀjɛ̃/ sypsaaʀjɛn] *adj.*	subsaharisch, südlich der Sahara	
le Caire [ləkɛʀ]	Kairo	
Lagos [lagɔs]	*Stadt in Nigeria* → Civilisation, p. 137	
multiplier qc (par qc) [myltiplije(paʀ)] ▶ multiple *m./f. adj.*	etw. vervielfältigen, etw. mit etw. multiplizieren	Si l'on ~[3] 5 par 4, on obtient 20.

VOCABULAIRE DU DOCUMENT SONORE

le wolof [ləwɔlɔf]	*afrikanische Sprache*	Au Sénégal, on parle le ~.

Wolof ist eine Sprache, die überwiegend im Senegal gesprochen und von etwa 80 Prozent der Senegalesen als Umgangssprache beherrscht wird. Etwa 40 Prozent der Senegalesen (ca. 3,2 Mio. Menschen) sprechen Wolof als Muttersprache und weitere 40 Prozent als Zweitsprache.

la Mauritanie [lamɔʀitani]	Mauretanien → Civilisation, p. 137	
désertique [dezɛʀtik] *m./f. adj.* ▶ le désert	wüstenartig, Wüsten- + *Nomen*	En Afrique, il y a beaucoup de zones ~[4].
la savane [lasavan]	die Savanne	Au sud du désert, il y a encore des ~[5].
la grande forêt [lagʀɑ̃dfɔʀɛ]	*Regenwald im Süden Senegals*	
Saint-Louis [sɛ̃lwi]	*hier: Stadt im Senegal* → Civilisation, p. 137	
la trace [latʀas]	die Spur	Les Français ont laissé des ~[6] dans la culture de leurs anciennes colonies.
le passé [ləpɑse] ▶ passer	die Vergangenheit	Dans le ~, beaucoup de pays d'Afrique étaient des colonies.
colonial/e [kɔlɔnjal] *adj.* ▶ la colonie	Kolonial- + *Nomen*	L'époque ~[7] en Afrique est finie.
le Lac rose [ləlakʀoz]	*See im Senegal*	

Der Lac rose *ist ein Salzsee etwa 40 km nordöstlich von Dakar. Bakterien, die rotes Eisenoxid ausscheiden, geben dem See seine besondere Färbung. Der See ist fast so salzhaltig wie das Tote Meer (300–400 g/Liter). Deshalb nutzt man ihn zur Salzgewinnung. Vom Atlantik ist er nur durch ein paar Dünen getrennt.*

l'hospitalité [lɔspitalite] *f.*	die Gastfreundschaft	Dans quelques pays, le sens de l'~ est impressionnant.
la communication [lakɔmynikasjɔ̃] ▸ communiquer	die Kommunikation	Le portable et Internet sont les principaux moyens de ~ d'aujourd'hui.
Dakar [dakaʀ]	*Hauptstadt von Senegal* → Civilisation, p. 137	

Die Rallye Dakar (früher: Rallye Paris–Dakar) ist ein seit Ende der 1970er-Jahre einmal jährlich stattfindendes Offroad-Motorsportrennen, das hauptsächlich auf dem afrikanischen Kontinent ausgetragen wird. Sie gilt als die berühmteste und gefährlichste Wüstenrallye der Welt. Sie ist ein Langstreckenrennen, bei dem einzelne Etappen von über 800 km Länge zurückgelegt werden, der Großteil davon auf Wüstenboden. Die erste Rallye Dakar wurde am 26. Dezember 1978 in Paris gestartet und endete am 14. Januar 1979 in Dakar. Das Endziel ist immer der Lac rose *bei Dakar.*

Senghor, Léopold Sédar [sɛ̃gɔʀ]	*senegalesischer Schriftsteller* → Civilisation, p. 137	
Dioulassoba [djulasoba]	→ Civilisation, p. 137	
le crocodile [ləkʀɔkɔdil]	das Krokodil	Dans les fleuves européens, il n'y a pas de ~[8].
le dôme [lədom]	die Kuppel, das Gewölbe	
les dômes de Fabédougou [ledomdəfabedugu]	*Felsenlandschaft im Westen von Burkina Faso*	
Ouagadougou [wagadugu]	*Hauptstadt von Burkina Faso* → Civilisation, p. 137	
africain/e [afʀikɛ̃/afʀikɛn] *adj.* ▶ l'Afrique *f.*	afrikanisch	Il y a environ deux mille langues ~[9].
le metteur en scène [ləmɛtœʀɑ̃sɛn] ▶ mettre, la scène	der/die Regisseur/in	Le ~ dirige les acteurs quand on tourne un film.

1 administrative 2 maternelle 3 multiplie 4 désertiques 5 savanes 6 traces 7 coloniale 8 crocodiles 9 africaines

DOSSIER 5, SÉQUENCE 1

à travers [atʀavɛʀ] *adv.*	durch	Tim a fait un voyage ~ le Sénégal.
le **reportage** [ləʀəpɔʀtaʒ]	die Reportage	Je viens de lire un ~ sur l'Afrique.
le/la descendant/e [lədesɑ̃dɑ̃/ladesɑ̃dɑ̃t]	der Nachfahre / die Nachfahrin	Les ~[1] des Huguenots en Allemagne ont gardé leurs noms français.
enlever qc (à qn) [ɑ̃ləve]	(jdm) etw. wegnehmen *wird wie* peser *konjugiert* → Verbes, p. 128	Cette femme est très malheureuse. On lui a ~[2] son enfant.
la gentillesse [laʒɑ̃tijɛs] ▶ gentil/le *adj.*	die Freundlichkeit	Malgré ses conditions de vie très difficiles, elle n'a pas perdu sa ~.
le bambara [ləbɑ̃baʀa]	*Sprache, die in Westafrika gesprochen wird*	Au Mali, on parle aussi le ~.

Bambara ist eine afrikanische Sprache. Sie wird von ca. 30 Mio. Menschen in zehn Ländern Westafrikas in unterschiedlichem Maße verstanden und gesprochen. Bambara ist mit einem Sprecheranteil von 40 Prozent die in Mali meist verbreitete Sprache. Französisch hingegen ist Amtssprache, besitzt für die meisten Malier den Status einer Fremdsprache und wird von nur rund 10 Prozent der Bevölkerung gesprochen. Neben Bambara und Französisch existieren in Mali noch eine Vielzahl anderer Sprachen.

le peulh [ləpœl]	Fulfulde *Sprache, die in Westafrika gesprochen wird*	

Peulh oder Fulfulde ist eine afrikanische Sprache, die dem Wolof ähnelt. Sie wird von 10 bis 16 Mio. Menschen in etwa 20 Ländern Zentral- und Westafrikas gesprochen, u. a. in Mali, Senegal, Burkina Faso, Niger, Nigeria, Elfenbeinküste und Tschad.

faire place à qn/qc [fɛʀplasa] ▶ la place	jdm/etw. Platz einräumen / Platz machen	Les petits magasins ~[3] supermarchés.
superbe [sypɛʀb] *m./f. adj.*	herrlich	Paris est une ville ~.
fascinant/e [fasinɑ̃/fasinɑ̃t] *adj.*	faszinierend	L'histoire du monde est ~[4]!
le Niger [ləniʒɛʀ]	der Niger *Fluss*	
parcourir qc [paʀkuʀiʀ] ▶ le parcours	*hier:* etw. durchfließen *auch:* etw. durchqueren, etw. zurücklegen *wird wie* courir *konjugiert* → Verbes, p. 128	Habib a ~[5] le Sahara avec un groupe de touristes.

la saison [lasɛzɔ̃] — die Jahreszeit — Quelle ~ préfères-tu? Le printemps ou l'automne?

le printemps

l'été *m.*

l'automne *m.*

l'hiver *m.*

la pluie [laplɥi]
▸ pleuvoir — der Regen — J'adore le bruit de la ~ quand je suis au lit.

la saison des pluies: die Regenzeit

l'inondation [linɔ̃dasjɔ̃] *f.* — die Überschwemmung — À Yamoussoukro, quand il y a des ~[6], les crocodiles se retrouvent dans les rues.

Koulikoro [kulikɔʀɔ] — *Stadt in Mali*
→ Civilisation, p. 137

Tombouctou [tɔ̃buktu]	*Stadt in Mali* → Civilisation, p. 137	
transformer qn/qc [tʀɑ̃sfɔʀme]	jdn/etw. verwandeln	Le changement de climat va ~ le paysage.
doux/douce [du/dus] *adj.* doux/douce ≠ salé/e	*hier:* süß *auch:* weich, sanft	Il est très ~, ce petit chat.

Vergleiche:

l'eau douce

l'eau salée

irriguer qc [iʀige]	etw. bewässern	Pour faire de l'agriculture dans les régions sèches, il faut ~ les terres.
Sikasso [sikaso]	*Stadt in Mali* → Civilisation, p. 137	

fertile [fɛʀtil] *m./f. adj.*	fruchtbar	Dans les régions sèches, la terre n'est pas très ~.
cependant [səpɑ̃dɑ̃]	dennoch, jedoch	
menacer qn [mənase]	jdn bedrohen *wird wie* avancer *konjugiert* → Verbes, p. 128	Attention! Le bandit est en train de ~ la femme qui passe.
l'équilibre [lekilibʀ] *m.*	das Gleichgewicht	
publique [pyblik] *m./f. adj.* ▸ la publicité	öffentlich	La plupart des élèves vont dans des écoles ~[7].
Hombori [ɔ̃bɔʀi]	*Dorf in Mali* → Civilisation, p. 137	
le Sahel [ləsaɛl]	*Dornstrauchsavanne am südlichen Rand der Sahara* → Civilisation, p. 137	
grossir [gʀɔsiʀ] ▸ gros/se *adj.*	*hier:* wachsen *auch:* zunehmen, dicker werden *wird wie* réagir *konjugiert* → Verbes, p. 128	Paul a besoin d'un nouveau pantalon. Il a beaucoup ~[8].

le long de qc [ləlɔ̃də] *adv.* ▶ long/ue *adj.*	an etw. entlang	On trouve beaucoup de villages ~[9] fleuve Niger.
le goudron [ləgudʀɔ̃]	der Teer	En Côte d'Ivoire, presque toutes les routes sont en ~.
le millet [ləmijɛ]	die Hirse	Le ~ est un produit agricole.
le matériel [ləmateʀjɛl]	das Material	Pour cultiver la terre, il faut avoir du ~ agricole.
l'enseignant/e [lɑ̃sɛnjɑ̃/lɑ̃sɛnjɑ̃t]	der/die Lehrer/in	«Être ~» veut dire «être professeur».
fréquenter qn/qc [fʀekɑ̃te]	jdn/etw. besuchen	Les fans de foot ~[10] le stade.
le luxe [ləlyks]	der Luxus	Pour beaucoup d'Africains, l'eau est un ~.
gratuit/e [gʀatɥi/gʀatɥit] *adj.*	umsonst, kostenlos	Ce qui ne coûte rien est ~.
spécial/e [spesjal] *adj.* / **spéciaux** *m. pl.*	speziell	À la télévision, il y a des émissions ~[11] pour enfants.

s'instruire sur qn/qc [sɛ̃stʀɥiʀsyʀ]	sich über jdn/etw. informieren *wird wie* construire *konjugiert* → Verbes, p. 128	Grâce à Internet, on peut ~ toutes sortes de choses.
l'agriculteur/-trice [lagʀikyltœʀ/lagʀikyltʀis] ▶ agricole *adj.*, l'agriculture *f.*	der/die Landwirt/in	L'~ s'occupe de la production agricole.
la météo [lameteo]	der Wetterbericht, die Wettervorhersage	– Quel temps fera-t-il demain? – Regarde la ~!
le satellite [ləsatɛlit]	der Satellit	Quand il fait nuit, on peut voir des ~[12].
l'accès [laksɛ] *m.*	der Zugang	Tous les enfants devraient avoir ~ à une formation scolaire.

avoir accès à qc: Zugang zu etw. haben

la bibliothèque [labiblijotɛk]	die Bibliothek	Miriam adore lire. Elle passe tout son temps à la ~.

Kita [kita]	*Stadt im Westen Malis* → Civilisation, p. 137	
le cybercafé [ləsibɛʀkafe]	das Internetcafé	Au ~, on peut communiquer par Internet.
afin de + *Inf.* [afɛ̃də] *adv.*	um zu + *Inf.*	On apprend des langues ~ communiquer avec des gens d'autres pays.
infime [ɛ̃fim] *m./f. adj.*	winzig	Une ~ minorité d'Européens vit sans télévision.
le coin [ləkwɛ̃]	die Ecke	L'Auvergne, c'est un joli ~ en France.

1 descendants 2 enlevé 3 font place aux 4 fascinante 5 parcouru 6 inondations 7 publiques 8 grossi 9 le long du 10 fréquentent 11 spéciales 12 satellites

Expressions utiles

Aides à la compréhension

Demander des explications

Wenn du nicht sicher bist, ob du etwas richtig verstanden hast, kannst du mit einem dieser Sätze um genauere Erklärungen bitten.

Je n'ai pas compris.
Pardon?
Je ne sais pas si je vous ai bien compris/e.
Vous pouvez répéter, s'il vous plaît? / Tu peux répéter, s'il te plaît?
Vous parlez / Tu parles trop vite.
Vous pouvez / Tu peux parler | plus lentement? / plus fort?

Voulez-vous dire que ___ ?
Il me manque le mot ___ .
Je ne comprends pas « ___ ».
« ___ », qu'est-ce que ça veut dire?
Que signifie « ___ »?
Vous pouvez m'expliquer ce mot?

Pourriez-vous m'expliquer ce que « ___ » veut dire?
Est-ce que vous pouvez donner un exemple avec ce mot?
Est-ce que ça veut dire « ___ » ?
Vous pouvez / Tu peux épeler?
Est-ce que vous pouvez traduire?

Paraphraser quelque chose

C'est	un objet une chose	avec lequel/laquelle ___ . qui sert à ___ . qu'on utilise pour ___ .

C'est	un endroit	où ___ .
	une personne	qui ___ .
	une organisation	qui ___ .
	un animal	qui ___ .
	un appareil	qui ___ .
	un bâtiment[1]	qui/où ___ .

C'est	grand/petit. long/court. rond[2]/carré[3]/rectangulaire[4].

1 **le bâtiment** das Gebäude 2 **rond/e** rund
3 **carré/e** quadratisch 4 **rectangulaire** rechteckig

C'est en bois / en verre / en plastique.

C'est quelque chose d'important. / d'utile. / de bon.

C'est un peu comme ___ .
Ça ressemble à ___ .
C'est différent de ___ .
C'est le contraire de ___ .

Ça veut dire « ___ ».
C'est un autre mot pour « ___ ».

Wenn dir ein Wort nicht einfällt, versuche es zu umschreiben.

Donner son avis

J'aime | le début / la fin / ___ .
Je n'aime pas

Ce que j'ai aimé, c'est / ce sont ___ .
Ça me plaît. / Ça ne me plaît pas.
C'est trop long.

Ça fait réfléchir.
Ça donne envie de continuer.
On peut s'identifier à ___ .
Il y a du suspense / de l'action.
C'est facile/difficile à lire.

J'ai horreur
- de + nom/infinitif.
- des films
  - d'action.
  - de science-fiction.
  - d'aventure.
  - d'amour.

C'est une histoire qui
- nous touche.
- nous concerne.

La musique me plaît beaucoup.
J'aime beaucoup le rap / le raï / ___ .
J'ai horreur du jazz / du rap / ___ .
Je déteste la musique classique / la Rn'B / ___ .
La chanteuse / Le chanteur a une très belle voix.
J'aime bien le clip vidéo de cette chanson.
Les paroles sont difficiles à comprendre.
Il y a trop de descriptions[1].

La langue
- est trop compliquée.
- n'est pas assez moderne.

Il y a plein de mots / d'expressions drôles/bizarres/___ .
C'est (un peu) tiré par les cheveux[2].

1 **la description** die Beschreibung 2 **tiré par les cheveux** an den Haaren herbeigezogen

C'est un sujet intéressant/original.
C'est impressionnant/passionnant/ennuyeux.
C'est bien écrit / bien construit.

___ joue bien.
Les acteurs sont très bons/beaux/nuls.
L'actrice est très belle / a de beaux yeux.
C'est un film / un documentaire trop long.

Les images sont très belles.
Ça fait un peu carte postale.
Les dialogues sont bons/nuls.

Les charnières* d'un texte

Exprimer une suite chronologique

pour commencer: au début / d'abord / tout d'abord / premièrement
pour continuer: puis / ensuite / par la suite / après cela
pour terminer/finir: à la fin / enfin / finalement

Argumenter

1. *Donner une raison / une conséquence*
car ___
comme ___ / puisque ___
pour cette raison / ainsi / par conséquent / c'est pourquoi ___
en effet, ___
en conclusion, ___
on peut en conclure que ___

2. *Donner de nouveaux arguments*
de plus / en plus ___
à part cela ___
il faut ajouter ___
d'ailleurs ___

3. *Comparer*
de même / également ___
en comparaison avec ___
à la différence de ___

4. *Contredire*
mais / pourtant / cependant / malgré cela / quand même / au contraire / contrairement à ___
d'une part ___ / d'autre part ___
d'un côté ___ / de l'autre côté ___

* **la charnière** die Verbindung, *auch:* das Scharnier

Décrire un tableau / une photo / une BD

Il s'agit	d'un tableau de ___ . d'un dessin. d'une photo. d'une BD.

Au premier plan[1] À l'arrière plan[2] Au centre À droite / À gauche	se trouve ___ . il y a ___ . on voit ___ . on découvre ___ .

L'homme au milieu est entouré de ___ .

Ce tableau Ce dessin Cette photo	montre ___ . représente ___ . symbolise ___ .

Ce que je trouve bizarre/drôle, Ce qui me plaît / me frappe,	c'est ___ .

La BD raconte l'histoire de ___ .
La (première) vignette[3] montre (Titeuf) qui (mange).

Le texte des bulles[4] est	drôle / plein d'humour. écrit en français familier.

1 **au premier plan** im Vordergrund 2 **à l'arrière plan** im Hintergrund
3 **la vignette** das Kästchen (im Comic) 4 **la bulle** die Sprechblase

Erst beschreiben,
dann kommentieren.

Parler et analyser des statistiques

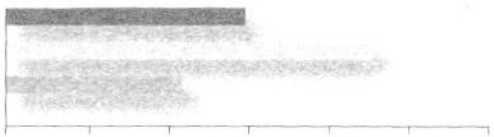

le diagramme à barres

le diagramme circulaire

1990	2000	2001
13.000	15.000	14.000

le tableau

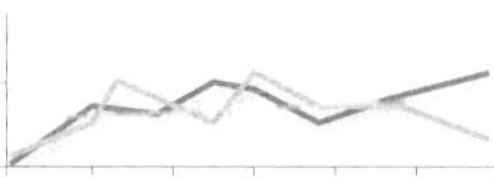

le graphique

Ce tableau / ce diagramme présente un sondage sur (la consommation d'énergie en France) réalisé en (2008).

La moitié La plupart La majorité / La minorité (Presqu')un tiers Un quart / les trois quarts Quarante pour cent	des Français	trouvent / croient que ___ . s'identifient à ___ . déclarent que ___ . acceptent de ___ . préfèrent ___ . s'opposent à ___ .

Un (Français) sur deux pense que ___ .
Presque tous les Français / Quelques Français trouvent que ___ .

Pour (dix) pour cents des Français, il est important de (connaître les conditions de production du produit acheté).

Le nombre de/d'(élèves) a augmenté[1]/diminué[2] de (18) pour cent depuis (2008).

Il y a une différence entre (2002) et (2008).

Cette augmentation[3]/diminution[4] concerne (les produits écologiques).

1 **augmenter de (18 %)** um (18 %) (an)steigen 2 **diminuer de (18 %)** um (18 %) sinken
3 **l'augmentation** *f.* der Anstieg 4 **la diminution** der Rückgang